hechizos mágicos

Lucy summers

hechizos mágicos

hechizos para eL éxito y La feLicidad

EDICIONES OBELISCO

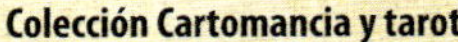

Colección Cartomancia y tarot
Hechizos mágicos
Lucy Summers

1.ª edición: junio de 2015
2.ª edición: julio de 2022

Título original: *Spell Magic*

Traducción: *Raquel Mosquera*
Corrección: *M.ª Jesús Rodríguez*
Maquetación: *Juan Bejarano*
Diseño de interior y cubierta: *Gareth Butterworth*

© 2014, Quantum Publishing Ltd.
© 2015, Ediciones Obelisco, S. L.
(Reservados los derechos para la presente edición)

Edita: Ediciones Obelisco, S. L.
Collita, 23-25. Pol. Ind. Molí de la Bastida
08191 Rubí - Barcelona
Tel. 93 309 85 25
E-mail: info@edicionesobelisco.com

ISBN: 978-84-16192-54-0
Depósito Legal: B-1.177-2015

Printed in China

contenido

INTRODUCCIÓN:
EL ARTE DE LA MAGIA

El arte de lanzar hechizos es tan antiguo como la humanidad. Los chamanes de la prehistoria practicaban magia para las buenas cacerías y curar enfermedades en la tribu. Estos intentos de influir en el resultado de los acontecimientos con la magia han continuado a través de los siglos, en todos los países, de un modo u otro.

HACER MAGIA

¿Qué es la magia? ¿Hay que iniciarse en la brujería para practicarla? La magia está dentro de nosotros y a nuestro alrededor. Sólo hay que aprender algunos trucos para aprovechar sus poderes y cualquiera puede hacerlo. Sí, brujas y brujos practican el arte de lanzar hechizos, pero tú no tienes que ser uno de ellos para aprender lo básico. Los sencillos hechizos detallados en este libro no utilizan largos y complejos rituales, sino ingredientes y objetos fáciles de encontrar para centrarse en lo que se requiere.

UNAS PALABRAS SOBRE WICCA

La palabra *Wicca* significa «bruja» en inglés antiguo. También se relaciona con la palabra alemana *wicken*, que significa «conjurar», con la sueca *vicka*, que significa «ir de un lugar a otro», y con la islandesa *vitki*, del verbo «conocer». La palabra refleja la naturaleza mágica de la religión Wicca.

Los Wicca tienen una conexión íntima con la naturaleza y los ritmos estacionales, que celebran con festivales para marcar ciertos puntos en el calendario agrícola, como la primavera y la cosecha. La creencia en una fuerza o energía que fluye en la vida y lo conecta todo es central en la religión Wicca. Adoran a esta energía en forma de diosa y de dios, los aspectos femenino y masculino de la creación. La diosa y el dios juegan un papel importante en la vida de una bruja. Son venerados de muchas formas distintas y bajo muchos nombres diferentes, cada uno representando un aspecto de la divinidad masculina y femenina. Se encuentran en todas partes del mundo natural: en árboles, en plantas, en ríos, en manantiales, en rocas, en estrellas, en el sol, en la luna y en nosotros. Los rituales Wicca se celebran en los confines sagrados de un círculo mágico.

Arriba: *Un kit Wicca puede contener ingredientes para hechizos y recordatorios de la naturaleza.*

Página siguiente: *Los wicca veneran a la diosa en la forma de Diana, señora de la luna y de la caza.*

cómo Lanzar hechizos

Los hechizos usan la fuerza de voluntad para crear las circunstancias propicias para lo que quieres que suceda. La herramienta más importante es tu imaginación. La idea es visualizar el resultado deseado y poner toda tu voluntad en esa visualización (*véanse* páginas 34-35). Es esta energía la que crea un canal mediante el cual funcionará el hechizo.

usar este Libro

Los hechizos del capítulo tres se han diseñado para ayudar a resolver problemas que surgen en todos los aspectos de la vida, ya estén relacionados con el trabajo o los estudios, las finanzas, la salud o con asuntos del corazón. Son fáciles de realizar en casa y requieren los ingredientes más sencillos. Para empezar, no necesitas más que aprender los principios básicos para lanzar hechizos (*véanse* páginas 14-18).

Además de la visualización, el arte de lanzar hechizos requiere recursos e ingredientes adicionales: un altar, velas, hierbas, cristales y demás (*véanse* páginas 14-15). Éstos no harán que un hechizo funcione por sí solo, sino que proporcionan un enfoque para tu voluntad. Cada uno aporta su propia energía única a un hechizo que, combinada con el tiempo (día de la semana, estación o fase lunar), puede influir en el resultado de un hechizo. En las 36 cartas que acompañan este libro, encontrarás representaciones de estos elementos diversos, y aunque puedes conseguir la mayoría de los ingredientes para cualquier hechizo en casa, también puedes sustituir cualquier objeto con una de las 36 cartas.

Además, realizando los hechizos aprenderás rápidamente acerca de las energías básicas de los diversos recursos e ingredientes utilizados y su relación para realizar hechizos en áreas específicas: trabajo, juego, amor, amistad, dinero y demás. Después podrás usarlos junto con las cartas que los representan en muchas combinaciones para hacer tus propios hechizos.

***Derecha:** Los cristales son herramientas útiles para realizar hechizos y se pueden usar para ayudar a centrar tu mente.*

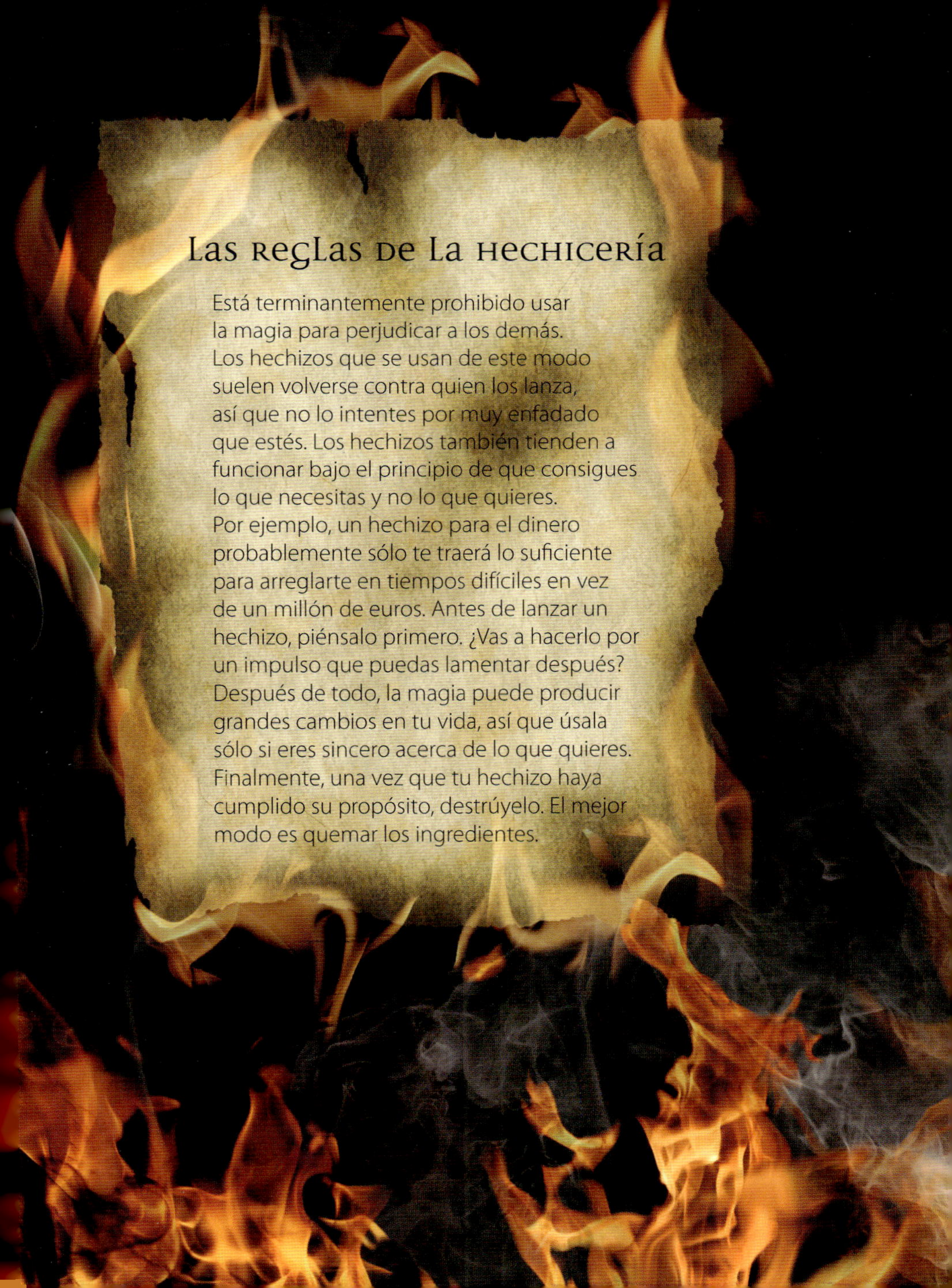

Las reglas de la hechicería

Está terminantemente prohibido usar
la magia para perjudicar a los demás.
Los hechizos que se usan de este modo
suelen volverse contra quien los lanza,
así que no lo intentes por muy enfadado
que estés. Los hechizos también tienden a
funcionar bajo el principio de que consigues
lo que necesitas y no lo que quieres.
Por ejemplo, un hechizo para el dinero
probablemente sólo te traerá lo suficiente
para arreglarte en tiempos difíciles en vez
de un millón de euros. Antes de lanzar un
hechizo, piénsalo primero. ¿Vas a hacerlo por
un impulso que puedas lamentar después?
Después de todo, la magia puede producir
grandes cambios en tu vida, así que úsala
sólo si eres sincero acerca de lo que quieres.
Finalmente, una vez que tu hechizo haya
cumplido su propósito, destrúyelo. El mejor
modo es quemar los ingredientes.

usar Las cartas

Como ya se ha dicho, las 36 cartas que acompañan este libro representan los principales recursos e ingredientes utilizados en el arte de la hechicería. Entre ellos se incluyen el altar, los cuatro elementos, las fases lunares, los siete colores, los días de la semana, las cuatro estaciones, la vela, incienso, cristales, hierbas y piedras.

Con cada hechizo del libro encontrarás una lista de los recursos e ingredientes primarios involucrados en ese hechizo. Son objetos que ayudan a centrar tu propósito a la vez que aportan su propia energía única al hechizo. También puedes usar las cartas para sustituir los ingredientes en cada uno de los hechizos de este libro. Encontrarás las cartas que necesitas ilustradas en la esquina de cada hechizo. Observa cómo se combinan diversos elementos para influir en diferentes resultados y usa las cartas para lanzar hechizos de tu propia cosecha.

El modo más sencillo de usar las cartas es distribuirlas en círculo alrededor de la carta del Altar, que debería colocarse siempre en el centro. La posición de cualquier carta adicional dependerá de sus cualidades para aportar energía, que están enumeradas en las propias cartas. Por ejemplo, de los cuatro elementos, la Tierra debería colocarse al norte del Altar y el Fuego al sur. No siempre tendrás cartas suficientes para completar un círculo cerrado alrededor de la carta del Altar, pero asegúrate de que las que tienes estén equidistantes del centro.

Altar

Tierra

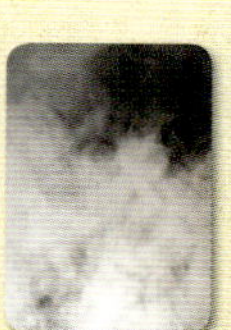

Aire

Fuego

Agua

Vela

Piedra

Incienso

Luna nueva

Luna creciente

Luna llena

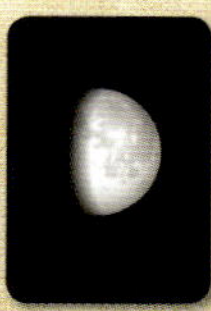

Luna menguante

Primavera

Verano

Otoño

Invierno

Domingo

Lunes

Martes

Miércoles

Jueves

Viernes

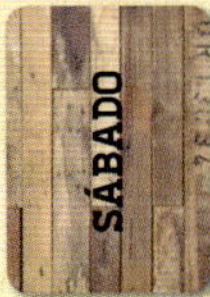

Sábado

Hierbas

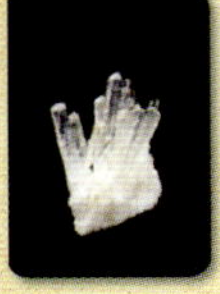

Cristal

Talismán

Bolsa
amuleto

Efectos
personales

Negro

Blanco

Amarillo

Naranja

Rojo

Púrpura

Azul

Verde

todo sobre la magia

La magia no sucede simplemente. La época del año, la fase de la luna e incluso el día de la semana pueden tener efecto en el éxito de un hechizo. En las páginas siguientes descubrirás los diferentes aspectos de la naturaleza que pueden influir en el resultado de un hechizo. También aprenderás cómo introducir objetos físicos en un ritual en particular para lograr atraer tu atención.

PRINCIPIOS BÁSICOS
DE LA HECHICERÍA

La energía responsable de la magia yace
a nuestro alrededor y en nuestro interior.
Es una corriente oculta más que electricidad
o electromagnetismo, pero conecta a todas
las personas y cosas del universo.

USAR TU VOLUNTAD

Centrar nuestra voluntad en lo que queremos que suceda suele ser suficiente para influenciar la energía para que cree los cambios y acontecimientos necesarios que permitirán al objetivo materializarse.

Usar tu voluntad para la magia significa que necesitarás desarrollar y practicar una habilidad vital: el arte de la visualización (*véanse* páginas 34-35). Necesitarás ser capaz de imaginar tus resultados deseados y retenerlos vívidamente en tu cabeza. Puedes practicar esta técnica colocando un objeto sólido frente a ti (por ejemplo, una manzana). Obsérvalo durante un minuto, luego cierra los ojos y recuerda cada detalle en tu imaginación. No te limites a «verlo». También debes poder «sentirlo», «saborearlo», «olerlo» y «oírlo».

RECURSOS E INGREDIENTES

La brujería tradicional usa una gran variedad de recursos e ingredientes que se deben comprar o elaborar y consagrarlos ritualmente. Éstos incluyen un cáliz, una campana y un cuchillo de mango blanco. Sin embargo, para lanzar hechizos simples no necesitas hacer ni conseguir tantas cosas. En las páginas siguientes se enumeran algunos de los elementos necesarios más utilizados.

Página siguiente: Un bosque puede ser un lugar agradable para buscar ingredientes y meditar sobre tu propósito mágico.

usar ingredientes naturales

En los hechizos se suelen usar otros ingredientes naturales como plantas, piedras, cristales o plumas, imbuidos de su propia energía particular. Cuando recojas plantas frescas recuerda hacerlo siempre con respeto. Primero pide permiso a la planta y cuéntale tu propósito. Después de haber cogido lo que necesitas (y sólo lo que necesitas), deja una pequeña ofrenda como agradecimiento. Puede ser una pizca de tabaco o un mechón de tu propio pelo.

un altar

Un altar es útil para casi todos, si no para todos, los hechizos. Se puede hacer de un modo sencillo usando una vieja caja de madera, una caja de té o una mesa, siempre y cuando sea lo suficientemente estable y no se balancee cuando se coloquen velas encima. Para darle un aspecto más mágico, cúbrelo con un paño de altar. El verde o el blanco son buenos colores, aunque siempre puedes combinar el color con el hechizo que estés realizando. Los altares también se pueden usar cuando no realicemos hechizos como centro de meditación o un lugar donde puedes honorar a las estaciones con varias flores, frutos secos o piedras.

veLas

Generalmente se usan velas blancas a menos que se realice un ritual o un hechizo que requiera otro color. Asegúrate de que sean lo suficientemente largas para que duren todo el ritual y usa velas nuevas cada vez. Procura que estén colocadas de un modo seguro en portavelas estables y que no haya corrientes de aire, sobre todo si están en el suelo.

Amarillo/dorado:	Fuerza, abundancia, felicidad
Blanco/plata/violeta:	Pureza, trabajo psíquico, curar
Rojo:	Protección, vitalidad, deseo
Naranja:	Comunicación, trabajo mental, carrera
Azul:	Curar, riqueza
Verde o rosa:	Amor, romance, amistad, armonía
Negro:	Eliminar y deshacerse de pensamientos negativos

La Luna

Del mismo modo en que la luna influye en las mareas del mar, también lo hace en las de la magia. Las fases de la luna son importantes en la mayoría de los hechizos, ya que las vibraciones de la luz de la luna pueden ser poderosas aliadas. Muchas culturas antiguas, además de la mayoría de las brujas y los paganos modernos, creen que la luna representa a la diosa en su rol de Reina de los Cielos. En este aspecto aporta creatividad, inspiración, magia y conocimientos sobre los ciclos de la vida. Cuando realices un ritual o una ceremonia, ten en cuenta en qué fase está la luna:

Luna nueva:	Nuevos comienzos o ideas, inicio de un proyecto
Luna creciente:	Hechizos para resultados positivos o algo ganado
Luna llena:	Tiempo de cumplimiento, trabajo psíquico
Luna menguante:	Eliminar la negatividad, finales, pérdida

eL soL

El sol también tiene una energía ponderosa y controla las estaciones, el día y la noche. Aunque parece que las épocas del año y días de la semana no se usan en la magia moderna tanto como la luna, están incluidos aquí por si deseas añadirlos:

Primavera:	Inicios, amistad y noviazgo, ganancias económicas
Verano:	Celebración, matrimonio, hijos, cumplimiento, amor, curación y dicha
Otoño:	Reflexión, recogida, magia meditativa
Invierno:	Limpiar vibraciones y hábitos no deseados, magia onírica

DÍAS DE La semana

Los astrólogos han asignado desde hace mucho tiempo los días de la semana a la influencia de los planetas en nuestro sistema solar. Así que, si es posible, trata de planear tus hechizos para el día adecuado. Así puedes estar seguro de que las energías planetarias darán a tu hechizo un empuje cósmico.

Domingo:	Asociado con el sol. Invoca valor y fuerza, vitalidad, buena salud, felicidad, abundancia, protección.
Lunes:	Asociado con la luna. Invoca curación, poderes psíquicos, hechizos con agua, inspiración, creatividad.
Martes:	Asociado con el planeta Marte. Invoca protección fuerte, energía y buena forma física, deseo, disputas.
Miércoles:	Asociado con el planeta Mercurio. Invoca comunicación, exámenes, viajes, reuniones, creatividad.
Jueves:	Asociado con el planeta Júpiter. Invoca abundancia, suerte, buena salud, felicidad.
Viernes:	Asociado con el planeta Venus. Invoca amor, amistad, consuelo, reconciliación.
Sábado:	Asociado con el planeta Saturno. Invoca deshacerse de la negatividad, sabiduría.

INCIENSO

Como las velas, el incienso añade la atmósfera mágica adecuada, además de ayudar a enviar tus deseos al cosmos.

A no ser que se especifique lo contrario, usa cualquier incienso con el que te sientas más mágico. Como con los colores, ciertas fragancias tienen diferentes correspondencias:

Incienso:	Protección, fuerza	Jazmín:	Suerte
Sándalo:	Amor, curar	Rosa:	Amor
Menta:	Abundancia	Romero:	Protección, eliminación
Cítrico:	Creatividad	Pachuli:	Amor, fertilidad

Los elementos

La sabiduría antigua nos dice que los elementos representan a las energías de nuestro entorno. Todos los aspectos de la magia usan estas fuerzas tanto de un modo consciente como inconsciente. Por ejemplo, cuando encendemos una vela, estamos trabajando con la energía del fuego. El incienso aporta a un hechizo la energía del aire. Por lo tanto, tener conocimientos básicos del funcionamiento de los elementos es importante en la hechicería.

Tierra

Este elemento simboliza la estabilidad y la seguridad. Puede estar representado por tierra, arena, rocas, piedras y plantas. También se representa con el símbolo de las brujas del pentagrama. La energía de la tierra es útil en hechizos de dinero y para proteger el entorno. Su dirección es el norte.

Aire

El aire trasporta ideas, inspiración y noticias. Trae el aire a tus hechizos encendiendo incienso o realizando tu ritual en lo alto de una colina. Los árboles también llevan el elemento del aire. La energía del aire es útil para que tus deseos sean escuchados y para limpiar la mente. Su dirección es el este.

Fuego

El calor del fuego aporta energía, poder y pasión a la magia. Usado ampliamente en la magia con velas, la llama del fuego puede aportar mucho a la mayoría de los hechizos. Sin embargo, úsalo con respeto y cuidado; el fuego es una energía volátil que puede ayudarte, pero también puede perjudicar. Su dirección es el sur.

Agua

El agua limpia y cura además de representar las emociones. Para traer la energía del agua a tu hechizo, coloca un bol de agua en tu altar. El agua es buena para el trabajo psíquico, el amor, la purificación y la curación. Su dirección es oeste.

Página siguiente: *Puedes inspirarte en el altar tradicional cristiano para tu espacio mágico.*

CANON
MISSÆ

TE IGITUR,

clementíssime Pater, per Iesum Christum Fílium tuum Dóminum nostrum, súpplices rogámus ac pétimus, uti accépta hábeas et benedícas hæc ✝ dona, hæc ✝ múnera, hæc ✝ sancta sacrifícia illibáta,

exténsis mánibus prosequítur : in primis, quæ tibi offérimus pro Ecclésia tua sancta cathólica : quam pacificáre, custodíre, adunáre et régere dignéris toto orbe terrárum : una cum fámulo tuo Papa nostro N. et Antístite nostro N. et ómnibus orthodóxis, atque cathólicæ et apostólicæ fídei cultóribus.

cómo puede ayudarte la magia

Puedes usar la magia para influenciar en los acontecimientos que suceden en tu vida cotidiana. Sólo necesitas estar seguro de lo que quieres. Las siguientes páginas consideran los aspectos más importantes de tu vida: tu trabajo, tus relaciones y tu salud. En cada caso encontrarás consejos para problemas comunes y una lista de hechizos para que los pruebes.

trabajo

Habrá momentos en tu vida en que la pesadez
diaria de ir al trabajo o a la universidad empiece
a invadir tu felicidad y bienestar general.
Sentimientos de duda, aburrimiento
o agotamiento mental pueden describir más
a menudo el modo en que te hace sentir tu vida
laboral, y antes de que te des cuenta, te aterrará
salir de casa por la mañana.

Todos estos sentimientos son bastante naturales cuando el trabajo que haces de un modo u otro no te satisface. Puede que estés trabajando demasiado, que no estés motivado o que albergues un mal sentimiento por no tenerte en cuenta erróneamente (en tu opinión) para un ascenso o un aumento de sueldo. Si estás familiarizado con sentimientos negativos sobre el trabajo, puede que sea el momento de realizar cambios.

Antes de escoger un hechizo de este libro, piensa seriamente dónde yacen las raíces de tu insatisfacción. Tal vez estés aburrido de tu puesto actual o no tengas contacto con tus compañeros. Puede que estés sufriendo una falta de destreza mental o que simplemente te sientas infravalorado y mal pagado. Puede incluso que necesites un cambio de suerte y de carrera. Sea cual sea el problema, habrá un modo de tratarlo y un hechizo que puedas usar que te empujará en la dirección correcta.

PRUEBA ESTOS HECHIZOS

Aumentar la destreza mental, páginas 38-39
El trabajo soñado, páginas 40-41
Una carrera nueva, páginas 42-43
El oro de Merlín, páginas 66-67
Máquina de dinero, páginas 68-69
Hechizo para la suerte, páginas 70-71

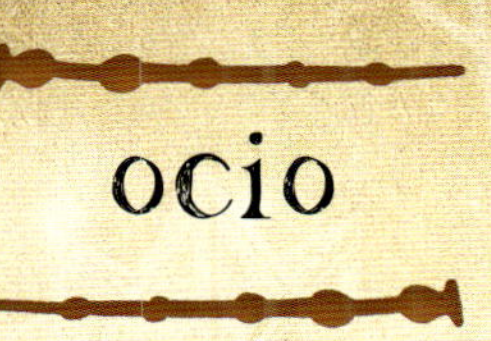

OCIO

Muchos factores pueden influir en tu éxito cuando se trata del ocio, pero el ingrediente esencial es siempre la felicidad. Si estás triste o dudas de algún aspecto de tu vida, resulta difícil disfrutar los buenos momentos tanto como deberías.

A veces puedes estimular tu felicidad con algo tan sencillo como un buen día de compras (en el que lo que deseas es fácil de encontrar, te queda perfectamente y te lo puedes permitir). Otras veces la raíz de tu problema puede estar enterrada a más profundidad. Digamos que has tenido una pelea con un buen amigo que violenta tu vida social. O tal vez careces de confianza para brillar en una salida nocturna con tus amigos.

Hay varios hechizos en este libro para aumentar la diversión en tu vida. Tal vez necesites una mascota mágica que te traiga suerte. Quizá lo que necesitas es estimular tu autoconfianza o energizar tu belleza interior. O podría ser tan sencillo como hacerte un cascabel para sentir la alegría de las hadas o un amuleto para ese día de compras perfecto.

PRUEBA ESTOS HECHIZOS

Comprar con éxito, páginas 44-45
La felicidad de las hadas, páginas 46-47
El poder de la mascota, páginas 72-73
Construir confianza, páginas 84-85
Belleza interior, páginas 86-87

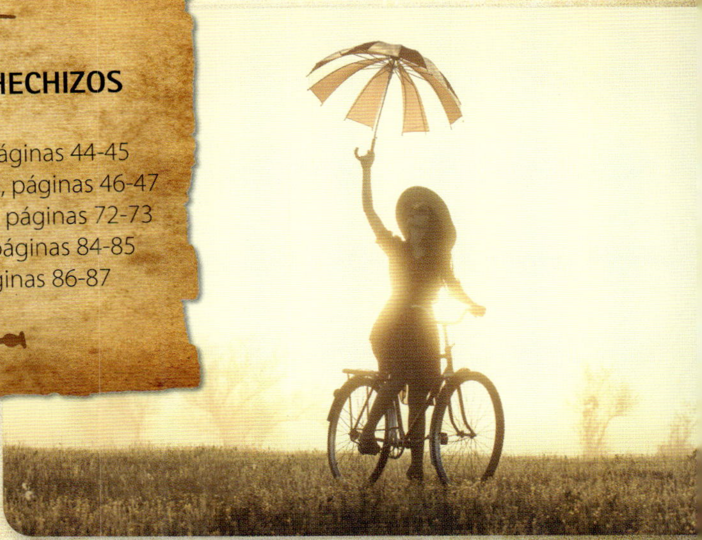

amor

Todos queremos ser amados. El amor viene de muchas formas e intensidades pero, cuando la mayoría de gente piensa en el amor, lo hace en el amor de pareja. Los hechizos de amor siempre han sido los más populares y han atrapado la imaginación humana como ningún otro. Los poderes mágicos sin duda pueden atraer a dos almas, pero lamentablemente el camino del amor verdadero no es siempre fácil.

Existen normas para este tipo de hechizos, ya que sería muy fácil trabajar de modo inmoral cuando se trata de temas amorosos. Primero, nunca deberías tratar de influir en alguien para que te quiera en contra de su voluntad, probablemente no funcionaría. En vez de eso, usa la magia para mejorar el modo en que te ven. En el futuro, ¿quién sabe lo que pasará entre vosotros? Los hechizos no deberían perjudicar a los demás, así que no trates de encantar a alguien que ya tiene una relación por muy convencido que estés de que no son felices. Ese tipo de magia puede acabar envolviéndote en más sufrimiento del que puedas imaginar.

En la cara positiva, si deseas atraer a tu alma gemela o reparar un amor que ha ido mal, puedes usar la magia para allanar el camino. Tales hechizos funcionan a su modo y a su debido tiempo, así que conocerás a la persona de tus sueños donde y cuando menos te lo esperes. Cuando encuentres a tu amor verdadero, vuélvele loco con tus besos mágicos y haz que te sea fiel. Después, si a pesar de todos tus intentos el destino se pone en contra de la relación, usa un hechizo para curar tu corazón roto.

PRUEBA ESTOS HECHIZOS

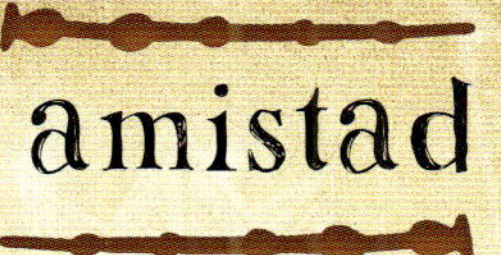

amistad

Incluso los mejores amigos se pelean a veces. Si esto ya es malo cuando sólo dos personas están implicadas, la atmósfera puede ser insoportable si todo un grupo se ve afectado por una discusión. Las palabras son fáciles de decir pero no tan fáciles de retirar.

Si has tenido una discusión con un amigo, podrías estar experimentando todo tipo de sentimientos: celos, culpabilidad, dolor e injusticia, para empezar. Si el amigo es especialmente cercano o lo conoces desde hace mucho tiempo, sabrás que hay demasiado en juego como para alejarte para siempre y no estarás tranquilo hasta que arregles las cosas. Éste puede ser un peaje para tu estado mental: una salida nocturna con amigos será menos apetecible si uno o dos de vosotros no os lleváis bien.

Entre los hechizos de este libro, hay unos cuantos referentes a varios aspectos de la amistad, desde potenciar una amistad rebelde o terminar con una época de peleas hasta hacer desaparecer a tu amigo (ahora enemigo) de tu vida para siempre. En el camino hay varios trucos para estimular la confianza en momentos en que la única opción es afrontar las consecuencias.

PRUEBA ESTOS HECHIZOS

Potenciar una relación, páginas 52-53
Amigos para siempre, páginas 62-63
Eliminador total, páginas 64-65
Construir confianza, páginas 84-85
Belleza interior, páginas 86-87

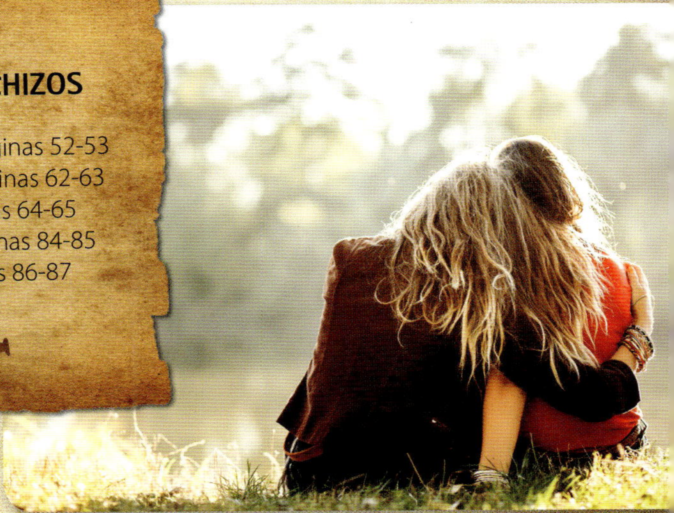

fortuna

Usar hechizos mágicos para ganar dinero siempre ha atraído a encantadores potenciales a este arte. Pero hay que decir que no se ven muchos millonarios en el mundo de la brujería. ¿Por qué pasa esto? Tener el maravilloso poder del cosmos bajo tu control debería sin duda ser suficiente para atraer los bienes, ¿no?

¡Por desgracia no! Como ya se ha dicho, la magia tiene sus peculiares pequeñas reglas, una de las cuales es conseguir sólo lo necesario. Y como la mayoría de nosotros no necesita en realidad un millón de euros, no viene a nosotros (aunque sería genial). Aun así, se pueden usar medios mágicos para influir en el universo para que nos traiga suerte y abundancia en la vida.

La abundancia se presenta de muchas formas, pero lo importante es que no debe venir a costa de nadie y debe poder hacer tu vida más feliz. También es una buena práctica mágica devolver un poco de lo que hayas ganado, tal vez a una institución benéfica.

Sea cual sea el hechizo, la magia funciona mejor si le facilitas un canal a través del cual hacerlo. Dale la oportunidad para que actúe. Prueba presentándote a concursos, haz una tarea con actitud positiva y brillante y, sobre todo, piensa que tienes suerte. Si crees que tienes suerte, la tendrás.

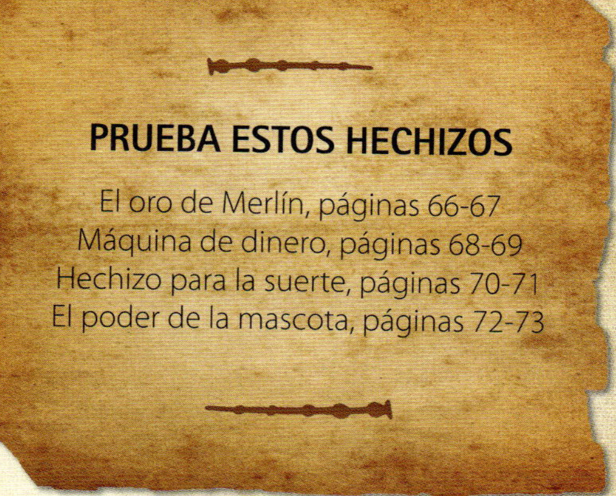

PRUEBA ESTOS HECHIZOS

El oro de Merlín, páginas 66-67
Máquina de dinero, páginas 68-69
Hechizo para la suerte, páginas 70-71
El poder de la mascota, páginas 72-73

cuerpo

La imagen tradicional de una bruja deja mucho que desear en cuanto a belleza. Después de todo, ¿quién quiere dientes negros y una verruga en la barbilla cuando pueden convertirse en una *femme fatale*?

Lo cierto es que mucha gente que practica brujería es joven y, sea cual sea su forma, tamaño, color o (si tienen) credo, tienen una belleza sobre ellos que proviene de un conocimiento interno de su singularidad en el universo.

Los siguientes hechizos incluyen modos de hallar la belleza interior además de recetas de pociones para potenciar tu belleza exterior. Las recetas herbales se han usado desde tiempos antiguos para dar brillo al pelo y a la piel.

Mimarte de este modo te hará sentir más especial, lo que a su vez te ayudará a afirmar que eres una bella persona a tus propios ojos. Una vez que realmente creas en tu propia belleza, brillará en ti y los demás la creerán también. No tienes que parecer una muñeca Barbie; no tienes que seguir una dieta de choque ni someterte a cirugía estética. Simplemente usa algunos de estos hechizos o tal vez desarrolla los tuyos propios.

PRUEBA ESTOS HECHIZOS

Belleza facial, páginas 74-75
Piel limpia, páginas 76-77
Cabello hermoso, páginas 78-79
Ojos brillantes, páginas 80-81
Belleza interior, páginas 86-87

mente

Todos sabemos que un estado mental óptimo es
primordial para llevar una vida feliz y equilibrada.
Entre los factores más comunes relacionados
con un bienestar mental pobre están la baja
autoestima y la negatividad excesiva, y conviene
ser capaces de descubrir pronto indicios
de cualquiera de los dos.

La baja autoestima y la negatividad excesiva pueden estar provocadas por una gran variedad de influencias, desde el estrés laboral a la ansiedad por un ser amado. Es natural preocuparse por un problema de salud, por la decreciente pasión en una relación, por el bajo rendimiento en la universidad o en la oficina o por la escasez de dinero en tu cuenta bancaria. Todas estas cosas afectan a cómo te sientes con tu vida y, muy importante, cómo te sientes contigo mismo.

Con eso en mente, usa los conjuros de este libro para impulsar tu confianza y para energizar tu yo interno de vez en cuando. Cuida bien tu estado mental y a menudo hallarás que los problemas reales a los que te enfrentas se solucionan más fácilmente.

PRUEBA ESTOS HECHIZOS

Eliminar las enfermedades, páginas 82-83
Construir confianza, páginas 84-85
Belleza interior, páginas 86-87
Eliminar la rabia y la negatividad,
páginas 88-89

espíritu

Todos tenemos el potencial del poder psíquico dentro de nosotros, tanto si somos conscientes de ello como si no. ¿Cuántas veces has tenido el instinto de que iba a pasar algo justo antes de que pasara? Algunas personas tienen sueños guía que les dan pistas sobre qué camino seguir. Otras se sorprenden por el número de «coincidencias» que no cesan de darse en sus vidas.

Los humanos son sin duda algo más que la suma de sus partes físicas, y aquel que desee convertirse en hechicero necesitará conocer su parte psíquica. Un buen modo de empezar es desarrollando el subconsciente mediante la visualización y las meditaciones guiadas (*véanse* páginas 32-35).

La visualización fortalece el ojo interno y es una forma más intensa de soñar despiertos, incorporando todos los sentidos. Esta habilidad es vital para lanzar hechizos porque centra la voluntad en nuestra meta. Y, por supuesto, la base de toda magia es la fuerza de voluntad sobre la materia. Las meditaciones guiadas son formas de visualización en las que haces un «viaje» a ojos de tu mente. Puede ser imaginario o puedes escuchar y seguir una grabación. Tales visualizaciones abren tus mundos internos, donde encontrarás escenas simbólicas o conocerás a guías espirituales esenciales para tu desarrollo espiritual. Conocer a los habitantes de otros mundos puede no ser fácil al principio, pero persevera, el esfuerzo valdrá la pena.

PRUEBA ESTOS HECHIZOS

Conoce a tu guía espiritual, páginas 90-91
Tu cuerpo es un templo, páginas 92-93
Protección divina, páginas 94-95

prepararse para lanzar un hechizo

Los hechizos y los rituales no funcionan porque sus palabras contengan poder o porque el material usado sea mágico por sí solo. Éstos son sólo accesorios diseñados para centrar la mente en su propósito. La verdad es que el poder está en ti, en tu mente.

desarrollar una mente mágica

A menos que seas capaz de pasar al estado mental adecuado, no podrás hacer magia. No importa cuántos conocimientos de magia o grados de iniciación poseas, pues no son nada sin el enfoque de la intención. De hecho, hay personas que ni siquiera creen en la magia, pero que sin embargo son capaces de motivar que sucedan cosas mediante la fuerza de su voluntad y pensamiento positivo. Para hacer magia, la mente necesita estar relajada y aun así capaz de pensar con claridad. Este estado se corresponde con lo que se conoce en ciencia como alfa, el estado en el que está tu mente antes de dormir. Puede potenciarse mediante la meditación, técnicas de visualización e incluso soñando despiertos.

Los trances más profundos, usados para la adivinación y para viajar a reinos espirituales, dependen de un estado cerebral mucho más lento llamado theta, cuyos patrones se dan durante el sueño profundo o bajo anestesia. Alcanzar el estado theta despiertos aumenta la creatividad y la conciencia psíquica, pero también dificulta la comunicación. Algunos métodos para alcanzar el estado theta despiertos son el tamborileo, concentrarse en la llama de una vela y escuchar cierta música «matemática», como la de Bach.

planear un ritual

Los rituales varían de una vez a otra. No es malo hacer un ritual a medida según tus propias necesidades, lo importante es que a la hora de hacerlo tengas intención y propósito. Erigir el poder sin un objetivo es más bien una medida propia de un ego inmaduro que de una bruja consumada. El propósito puede ser celebrar un festival, la luna llena, hacer hechizos o una curación. Sea lo que sea, la persona que conduce el ritual debe mantener claro el propósito todo el tiempo y ser responsable de lo que suceda.

Los rituales pueden tener lugar fuera o dentro. Los wicca prefieren trabajar fuera porque se sienten más próximos a la naturaleza. Sin embargo, los rituales en el exterior dependen del clima y la privacidad. Obviamente, en climas cálidos se podrá trabajar fuera todo el año si existe una localización adecuada. En climas más fríos, temblar puede distraer y es frustrante intentar mantener las velas encendidas con viento y lluvia. La privacidad también es importante, no querrás que una multitud se congregue alrededor o que los bomberos vengan a apagar tu hoguera.

Página siguiente: Cuando te prepares para tu hechizo, lo más importante es estar relajado y listo para emplear tu mente mágica.

meditación

La meditación ayuda a alcanzar un estado alfa profundo, relajando la mente y dándole un respiro del estrés y las tensiones diarias. Meditar a diario también prepara la mente para trabajar con magia más fácilmente.

La meditación tiene muchos caminos y tradiciones y debes encontrar el tuyo. Puede que seas más feliz cantando mantras orientales, concentrándote en tu respiración o abriendo y cerrando tus chacras (centros de energía interna). Algunas personas usan objetos como velas para concentrarse, a otras les parece una distracción. Sea cual sea el método que escojas, trata de meditar cada día, preferiblemente a la misma hora.

Asegúrate de que no te interrumpirán (desconecta el teléfono) y siéntate en una postura cómoda en el suelo o en una silla. Es mejor no tumbarse, ya que te puedes dormir fácilmente. Medita durante tanto tiempo como estés cómodo. Puede que te parezca poco rato para empezar, pero la duración aumentará cuanto más lo hagas.

meditar respirando

Cierra los ojos e inspira lenta y profundamente desde el abdomen. Cuando llegues al máximo, aguanta la respiración unos segundos antes de espirar despacio. Cuando hayas sacado todo el aire, aguanta unos segundos antes de inspirar otra vez. Haz por lo menos diez repeticiones para empezar. Este ejercicio tiene un efecto muy calmante y beneficia al cuerpo físico y a la mente.

meditación con un tambor

Meditar con el ritmo repetitivo de un tambor produce vibraciones que llevan al cerebro a una especie de trance theta. Esto se sabe desde hace mucho tiempo en las tradiciones chamanísticas. Los chamanes de Siberia (de donde proviene el término «chamán») veían sus tambores como caballos que los llevaban a otros mundos. En las tradiciones nativas americanas, el tambor también es necesario para viajar a otros reinos. Esta meditación no se recomienda a los principiantes y nunca se debe hacer en solitario.

Derecha: *El tambor se ha usado en varias culturas durante la historia para la concentración.*
Página siguiente: *El yoga es de gran ayuda para meditar.*

visualización

La visualización es el arte de ser capaz de experimentar algo en tu mente; no sólo verlo sino también oírlo, tocarlo, olerlo y saborearlo. Algunas personas visualizan de modo natural pero otras tienen que practicar de manera regular antes de poder retener una imagen clara en la mente. Es como soñar despiertos pero con más vividez y concentración. Su práctica regular también ayuda a fortalecer el proceso imaginativo, aumentando la creatividad.

Mágicamente, la visualización es importante porque cuando trabajes en un ritual o un hechizo, debes visualizar el resultado deseado. Tendrás que visualizarlo con fuerza, lo suficiente como para creértelo. Saca las palabras y los accesorios y eso es básicamente la magia: usar tu voluntad y poder de imaginación para influir en las energías a tu alrededor para que tu deseo se haga posible.

Como en la meditación, trata de practicar la visualización cada día, pero no esperes milagros. Todo el mundo aprende y desarrolla estas aptitudes a su propio ritmo; simplemente relájate y siéntete cómodo en vez de forzarte a llegar a cierto nivel.

visualización de una flor

Esta visualización lleva una semana. Siéntate cómodo como para meditar y asegúrate de que no te van a molestar. El primer día imagina una flor frente a ti, tal vez una rosa o una margarita. Imagínala de un color rojo vivo. Mira cada pétalo y estambre. Siente su textura y el aroma de su perfume. Retenla en tu mente tanto tiempo como puedas.

El segundo día haz lo mismo, pero esta vez imagina una flor naranja. Como antes, retenla en tu mente todo el tiempo que puedas. Repite el tercer día con una flor amarilla, el cuarto con una verde, el quinto con una azul, el sexto con una añil y el séptimo imagina una flor blanca y que brilla bajo una luz radiante.

Una vez que domines las flores individuales, puede que quieras intentar visualizarlas creciendo en una hilera ante ti. Una vez que las tengas claramente en tu mente imagina sus colores ascendiendo, como un arco iris que se arquea y te baña con su hermosa luz.

***Página anterior y derecha:** Las flores son ideales para ejercicios de visualización.*

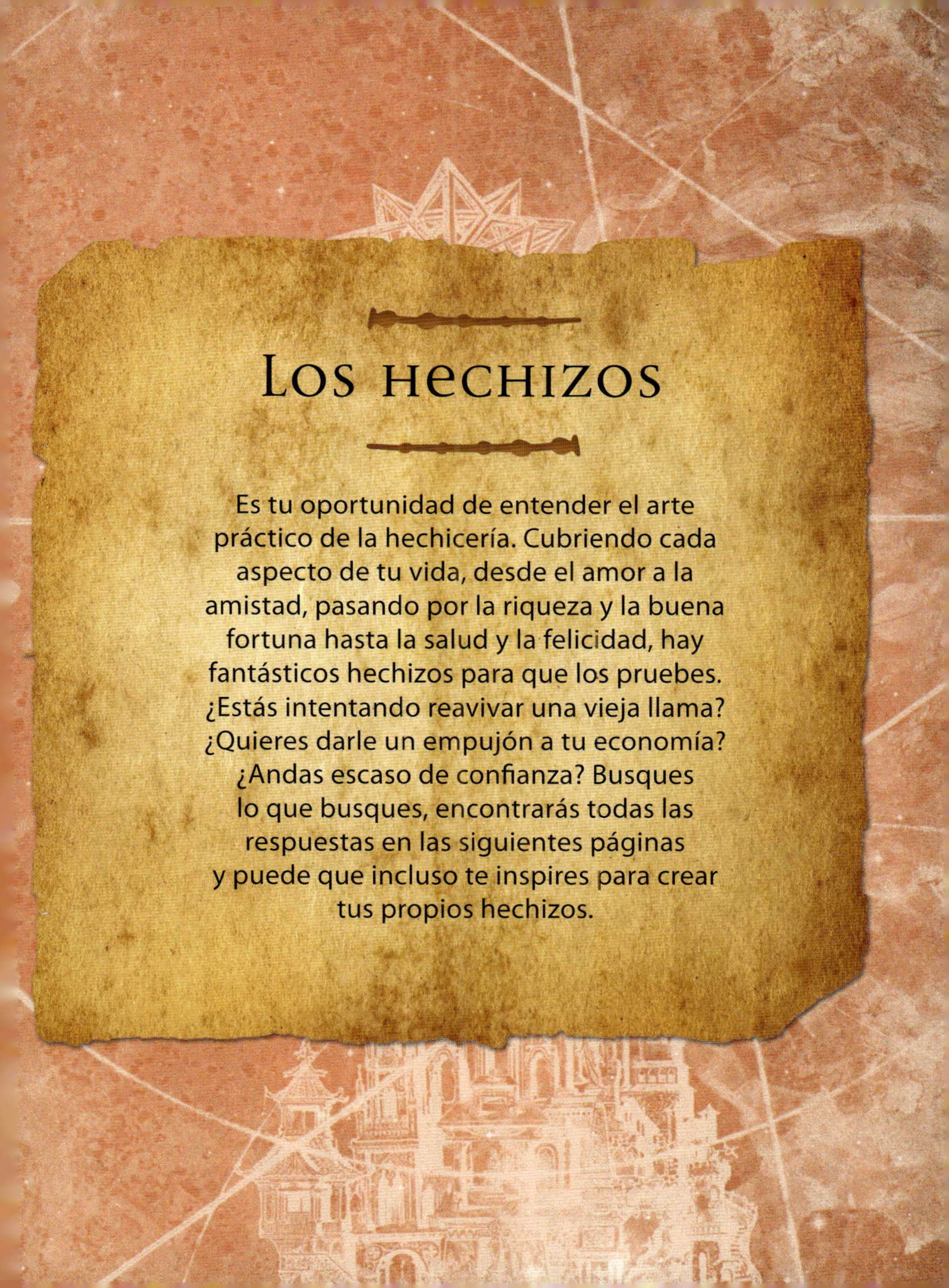

Los hechizos

Es tu oportunidad de entender el arte práctico de la hechicería. Cubriendo cada aspecto de tu vida, desde el amor a la amistad, pasando por la riqueza y la buena fortuna hasta la salud y la felicidad, hay fantásticos hechizos para que los pruebes. ¿Estás intentando reavivar una vieja llama? ¿Quieres darle un empujón a tu economía? ¿Andas escaso de confianza? Busques lo que busques, encontrarás todas las respuestas en las siguientes páginas y puede que incluso te inspires para crear tus propios hechizos.

aumentar la destreza mental

Este sencillo hechizo usa la antigua sabiduría de las plantas para aumentar tu poder mental y estado de alerta. El trabajo académico que te atormenta o el proyecto que ha aparecido en tu mesa sin avisar ¡estarán listos antes de que te des cuenta!

realizar el hechizo

1 Coloca la salvia, la albahaca, las semillas de eneldo y el café en el mortero y machácalos hasta hacer un polvo fino.

2 Cuando estés satisfecho con su aspecto y textura, añade la arena y mezcla bien. Coloca toda la mezcla en un tarro para tenerla siempre disponible cuando la necesites.

3 Para tus necesidades actuales, coge una cucharadita de la mezcla y ponla en un plato. De esta cantidad, coge una pizca y remuévela en un poquito de agua. Tienes que hacer una pasta, así que asegúrate de que no quede muy líquida.

4 Con el dedo índice, píntate un poco la frente entre las cejas con la pasta.

5 Esparce el resto de la mezcla seca con cuidado sobre tu trabajo académico o proyecto y recita el hechizo de la destreza mental.

NECESITARÁS:

- Tu proyecto o trabajo
- Salvia seca
- Albahaca seca
- Semillas de eneldo
- Café molido
- Mortero y mano de mortero
- Arena
- Tarro con tapa hermética
- Cuchara pequeña
- Plato
- Agua

HECHIZO DE LA DESTREZA MENTAL

Mezcla mágica de plantas y arena
ayúdame con mi trabajo,
concede a mi mente el poder de ver
respuestas a la pregunta que yace ante mí.
Cerebro y papel están marcados por este hechizo,
no tengo excusa para no hacerlo bien.
Empezaré mi búsqueda de la sabiduría
sabiendo que mi trabajo será el mejor.

eL trabajo soñado

Si estás pensando en cambiar de trabajo o hace tiempo que necesitas un ascenso, éste puede ser el hechizo perfecto para ti. Es mejor hacer el ritual un lunes por la noche en luna nueva.

reaLizar eL hechizo

1 En tu altar, coloca los objetos que necesitas: coloca el espejo frente a la vela y el alfiler frente al espejo.

2 Enciende la vela y atraviesa la llama con el alfiler tres veces. Mientras lo haces, recita el hechizo de la llama.

3 Luego sujeta el alfiler con cuidado, por encima del espejo, y recita el hechizo del alfiler.

4 Coloca el alfiler sobre el espejo. Esto ayudará a magnificar el hechizo y a aumentar su poder. Déjalo ahí hasta que la vela se consuma. Luego coge el alfiler y envuélvelo con cuidado en un trozo de seda.

5 Cuando veas un trabajo o un ascenso que desees solicitar, saca el alfiler y atraviesa con él una copia del anuncio. Si fuera una oferta verbal, escribe una descripción del puesto en una hoja de papel.

6 Guarda el papel y el alfiler en un lugar seguro cerca de donde duermes.

NECESITARÁS:

- Un altar
- Un espejo pequeño
- Una vela blanca
- Un alfiler nuevo
- Cerillas
- Un trozo de seda

hechizo de La LLama

Oh, herramienta del Arte, te purifico en llamas.
Límpiate para cumplir mis deseos y esta noche oye mi
encomienda.

hechizo deL aLfiLer

A ti me encomiendo por los poderes que me han sido dados,
por los antiguos dioses y los espíritus que me guían,
señálame el camino hacia un trabajo propicio,
conduce mis pasos por el buen camino.
Allí donde te detengas,
préstame tu poder y tu influjo
para que yo prosiga mi búsqueda.
De este modo quedas encomendado
en nombre de todas las supremas deidades.
Bendito seas.

una nueva carrera

Habrá momentos en tu vida en que quieras saber
dónde yace tu futuro. ¿Deberías emprender una
carrera en la banca o en la interpretación?
¿Te ves a ti mismo en el vertiginoso mundo de las
relaciones públicas? Si no sabes qué carrera seguir,
deja que los espíritus te ayuden a decidir.

Realizar el hechizo

1 Identifica cada piedra con una carrera. Pasa unos
días familiarizándote con las piedras y pensando
cuidadosamente en lo que conlleva cada opción.
Mira cada piedra como una encarnación de las
características del trabajo.

2 Cuando creas que ya has pensado lo suficiente, lleva
las piedras a tu trozo de tierra. Asegúrate de que es
un día tranquilo sin viento ni brisa fuerte. Ata la cuerda
alrededor de la estaca y coloca la estaca en medio
de la parcela.

3 Estira la cuerda hasta el extremo de la parcela y con el
palo dibuja un círculo en la tierra. Después divide
el círculo en tantas secciones como piedras tengas
y coloca una piedra en cada división.

4 Coge la pluma de cuervo. Sujétala sobre el punto
central y recita el hechizo de la pluma.

5 Suelta la pluma y déjala ir hacia la tierra. Donde caiga
es donde los espíritus han indicado que puede yacer
tu camino futuro. Recoge las piedras, borra el círculo
y recuerda dar las gracias a los espíritus por su ayuda.

NECESITARÁS:

- Una piedra diferente
  para cada tipo de carrera
  que te interese
- Una parcela de tierra
  no inferior a un metro
  cuadrado
- Un trozo de cuerda
- Una estaca
- Un palo
- Una pluma de cuervo
  (suave y que no esté rota)

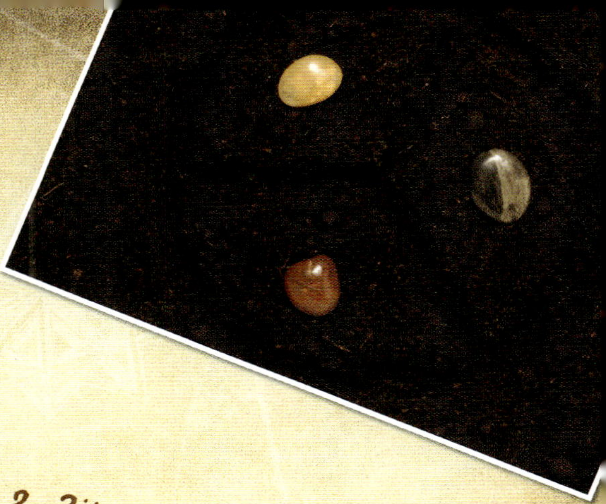

el uso de las plumas

Las plumas se usan en hechizos de vez en cuando y representan la libertad. Las plumas de cuervo también simbolizan liberarse y avanzar.

HECHIZO DE LA PLUMA

Espíritus que me ayudáis y camináis a mi lado, os pido ayuda. Espíritus guardianes, guiad a esta pluma para que me ayude a escoger un camino especial para mi futuro. Consideraré vuestra elección con el corazón y la mente abiertos, honorando la sabiduría que traéis desde vuestro mundo.

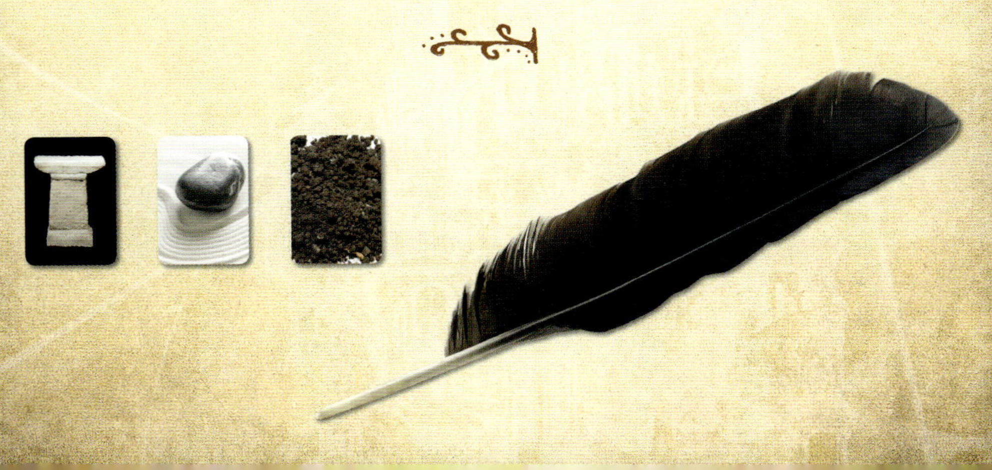

comprar con éxito

Prueba este talismán para un buen día
de compras. Implica colocar símbolos de compra
en una pequeña bolsa amuleto. Los símbolos
deberían reflejar lo que desees comprar.
Por ejemplo, si vas a comprar ropa, podrías usar
ropa de muñeca, o si quieres joyas usa una pulsera
o un anillo viejo. Otra opción es usar imágenes
recortadas de revistas.

realizar el hechizo

1 Coloca los símbolos que representan tus deseos
y el trozo de jengibre en la bolsita.

2 Enciende una vela y pasa unos minutos visualizando
las cosas que quieres comprar.

3 Visualízate entrando en la tienda y escogiéndolas.
Cuando la imagen sea fuerte en tu cabeza, recita
el hechizo de la bolsita.

4 Agita la bolsita tres veces. El hechizo está ahora
activado y puedes llevar el amuleto en el bolso.
Recuerda que puede que tengas que cambiar los
objetos de la bolsita y rehacer el hechizo cada vez
que compres.

NECESITARÁS:
- Símbolos para tus compras previstas
- Un trocito de raíz de jengibre
- Una bolsita de tela dorada
- Una vela verde
- Cerillas

   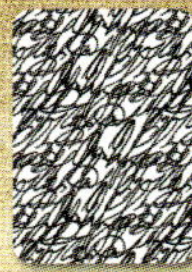    

hechizo de la bolsita

Bolsita mágica, por este acto
tráeme lo que necesito,
dame sabiduría cuando compre
sobre cuándo comprar y cuándo parar,
tráeme
gangas especiales
en mi día de compras mágico.
Agítalo una vez y agítalo
dos,
el hechizo está vivo
cuando lo agite tres.

La felicidad de las hadas

A todos los espíritus les gusta el sonido de la música, especialmente el cascabel. Las hadas no son una excepción. Puedes hacer este cascabel en casa para ellas. Está basado en un palo de la lluvia usado por los nativos americanos, pero en vez de traer lluvia debería atraer a las hadas a tu vida, junto con el sentimiento de alegría que traen.

Realizar el hechizo

1 Coge el tubo y clava los clavos en intervalos regulares en toda su longitud. Coloca una de las piezas de los extremos y fíjala con pegamento.

2 Llena el tubo de semillas, escaramujos, cristales y otros objetos que suenen. A las hadas les gustan normalmente las cosas divertidas, así que añade varias cosas que te hagan sonreir.

3 Una vez tengas el equivalente a una taza o dos en el tubo, une bien con pegamento el otro extremo de plástico.

4 Para asegurar los clavos en el tubo, aplica pegamento con un pincel por encima del cartón y enrolla las tiras de tela alrededor hasta cubrir todo el tubo de arriba abajo.

5 Cuando desees llamar a los espíritus de la diversión, inclina despacio el cascabel de hadas para que las piezas caigan entre los clavos. Entonces recita el hechizo de las hadas.

6 Salta en círculos por la habitación, primero sobre una pierna, luego sobre la otra, agitando y cantando, en el sentido de las agujas del reloj hasta que te marees. Ahora, siéntate y oye las risitas a tu alrededor.

NECESITARÁS:

- Un tubo de cartón pequeño con dos piezas para los extremos
- Un martillo
- 450 gramos de clavos pequeños de cabeza plana (del largo del diámetro del tubo)
- Pegamento
- Un puñado de semillas secas de manzana
- Unos cuantos escaramujos
- Un puñado de pequeños cristales pulidos
- Cualquier cosa que suene que te parezca apropiada
- Tiras de tela (el terciopelo tiene buen aspecto y textura)

HECHIZO DE LAS HADAS

Hadas, hadas, venid a jugar;
llevaos mis pensamientos aburridos
El cascabel llama a las hadas:
risas, diversión y amor para todos.

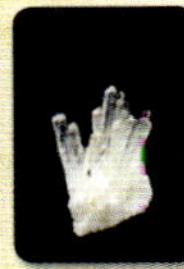

UN NUEVO AMOR

Este sencillo hechizo es mejor realizarlo en luna
nueva o lo más cercano a ésta. Aquí se usa una
manzana, porque la manzana es una de las frutas
amadas por Afrodita, la diosa griega del amor.
En muchas viejas historias y leyendas la fruta
se ha asociado con el romance y la pasión.

REALIZAR EL HECHIZO

1 Cuando estés junto a tu nuevo amor, coge una
manzana roja, sácale el corazón (pero consérvalo)
y pártela por la mitad. Dale la mitad a la nueva
persona en tu vida y cómete la otra mitad.

2 Trata de estar solo para enterrar el corazón en tu jardín.
Una vez que esté de nuevo seguro en el útero de la
tierra, rodea el lugar con las piedras para marcarlo
como un lugar de encantamiento.

3 Recuéstate y canta en voz baja el hechizo del
crecimiento. Siente como una poderosa energía viene
de tu boca e infunde la zona de tierra que rodea el
corazón de la manzana con magia. Sigue cantando
hasta que sientas que la magia ha hecho efecto.

4 Después, cada noche durante siete días, vuelve al lugar.
Toca cada una de las siete piedras de una en una y
recita el hechizo del amor.

NECESITARÁS:

- 1 manzana roja
- 7 piedras pequeñas rosas
  o rojas

HECHIZO DEL CRECIMIENTO

El amor crecerá,
seguro y lento,
fuerte y verdadero,
este amor funcionará.

HECHIZO DEL AMOR

Tenga nuestro amor la fuerza de un árbol,
sea flexible como las ramas al viento,
sea dulce como su fruto.
Sean nuestras bendiciones tantas como las hojas,
y nútrase de los poderes del cielo y la tierra.
Si no daña a nadie,
así sea.

Bombas de amor

Este sencillo amuleto para el baño dará un impulso
a tu vida, haciéndote irresistible ante la persona
amada. A la receta básica de la bomba de amor se
añaden las energías mágicas del aceite del jazmín
y la canela para el amor y la atracción y, cómo no,
tu propia fuerza de voluntad.

Realizar el hechizo

1 Coloca el ácido cítrico, la maicena, el bicarbonato
sódico y la canela en el bol y remueve hasta que estén
bien mezclados.

2 En un plato, vierte el aceite esencial de jazmín y el
colorante en el aceite de almendras. Esto infundirá
al aceite de almendras color y aroma.

3 Con una cuchara remueve la mezcla de aceite en los
ingredientes secos, en el sentido de las agujas del reloj.
Mientras lo haces, recita el hechizo de la poción.

4 Sigue añadiendo el aceite y removiendo hasta que
la mezcla tenga la consistencia de masa. Luego coge
trozos pequeños de unos 2,5 centímetros de diámetro
y dales forma de bolas o, si eres creativo, de corazones
pequeños.

5 Coloca las figuras en papel encerado para que se
sequen y endurezcan. Debería llevar uno o dos días.

6 Cuando las figuras estén secas, envuélvelas en
pequeños trozos de papel encerado y guárdalas
en un tarro hermético. Usa entre una y tres cada
vez justo antes de una gran cita.

NECESITARÁS:

- 2 cucharadas de ácido cítrico
- 2 cucharadas de maicena
- ¼ de taza de bicarbonato sódico
- Una pizca de canela
- Un bol para mezclar
- Un plato pequeño
- 4-5 gotas de aceite esencial de jazmín
- 3-6 gotas de colorante de comida rojo
- 3 cucharadas de aceite puro de almendras
- Una cuchara
- Papel encerado

hechizo de la poción

Remueve la poción una
y otra vez.
En este círculo de Venus el amor abundará.
Hazme una diosa del deseo
para que arda el corazón
de todo pretendiente.
Quede este hechizo aprisionado
hasta que el poder del agua
lo libere.

potenciar una relación

Elimina los problemas de una relación y restaura la armonía. Incluso las mejores relaciones tienen momentos en que las cosas no van tan bien como deberían. Si éste es tu caso, prueba este sencillo trabajo de magia con tierra y agua.

realizar el hechizo

1 Primero, busca una piedrecita negra, pequeña y lisa, una que te haga sentir bien. Antes de usar la piedra, en silencio pídele permiso y ayuda para resolver tus problemas. Sabrás de modo intuitivo si la piedra acepta ser tu aliada.

2 Empieza a trabajar con tu piedra. Llévala constantemente contigo y ponla bajo tu almohada por la noche. Una vez al día sujétala junto al corazón y cuéntale tus problemas en la relación y cómo te gustaría resolverlos. Continúa haciendo esto cada día hasta que sea luna llena.

3 Lleva la piedra a un lugar donde corra el agua, preferentemente un río o el mar. Sujeta cerca la piedra y recita el hechizo de la piedra.

4 Lanza la piedra al agua tan lejos como puedas. El poder limpiador del agua se llevará tu energía problemática de la piedra y la diluirá hasta que desaparezca. Ten en cuenta que este hechizo también se puede realizar cuando tengas otras preocupaciones en la mente.

NECESITARÁS:
- Una piedra negra pequeña

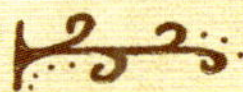

Hechizo de La piedra

Persona de piedra, tú has sido un buen amigo. Has escuchado mis problemas y los has recogido. Con gratitud ahora te pido un último favor: que cuando te libere para continuar tu viaje, te lleves estos problemas lejos de mí y los limpies en las aguas de la vida. En el nombre de los Antiguos te saludo y te despido.

reavivar eL amor

Si hay que reavivar el amor verdadero, éste es el
hechizo para hacerlo. Las relaciones, como cualquier
otro ser viviente y que crece, tienen sus lapsos de
tiempo. Algunas duran toda la vida, otras sólo días,
semanas o meses. Es imposible saber cuándo dejarlo
y empezar de nuevo, pero ocasionalmente puedes
sentir que vale la pena intentarlo.

reaLizar eL hechizo

1 Piensa cuidadosamente en tu relación y reflexiona
sobre las razones de la ruptura.

2 Escoge un viernes por la noche lo más cercano posible
a la luna nueva. Báñate y ponte ropa o una bata limpia.

3 Coloca las velas en algún lugar donde no sea necesario
apartarlas, en tu altar o la repisa de la chimenea.

4 Coloca las velas a unos 23 centímetros y pon una foto
detrás de cada una.

5 Añade el hilo plateado a las dos velas atándolo cerca de
la base. Enciende las velas, luego recita el hechizo de la
vela tres veces.

6 Con cuidado gira las velas para que el hilo se enrolle
alrededor de su base, acercando así la vela que
representa a la otra persona 2,5 centímetros a la tuya.

7 Repite el procedimiento durante ocho días; las velas
deberían tocarse. Envuelve las velas, el hilo y las fotos
en una tela rosa claro y mantenlo seguro.

NECESITARÁS:

- Un altar
- 2 velas blancas
- Una foto tuya
- Una foto del objeto
  de tu amor
- Un hilo plateado
- Cerillas
- Un trozo de tela
  rosa claro

hechizo de la vela

Esta vela por él,

esta vela por mí.

Cuando se toquen,

estaremos unidos.

Reaviva el amor,

reaviva la llama,

[inserta el nombre de tu amado],

yo te llamo.

CURAR UN CORAZÓN ROTO

Este hechizo te ayudará a seguir adelante cuando termina una relación. El curso del amor verdadero nunca fluye sin problemas. Qué fácil es enamorarse y que te dejen plantado cuando menos te lo esperas. Si te ha pasado esto y sientes que tu corazón está roto, usa este hechizo para empezar el proceso de curación. En un corto período de tiempo volverás a ser tú otra vez.

REALIZAR EL HECHIZO

1 Preferiblemente en luna nueva, busca un lugar tranquilo donde puedas encender una vela y el incienso. Coge el palo, pártelo por la mitad y recita el hechizo del palo partido.

2 Empieza a envolver la lana alrededor de las dos partes del palo, uniéndolas con fuerza, recitando el hechizo de la lana.

3 Una vez que los palos estén unidos, es hora de suplicar a los poderes de los cuatro elementos que te ayuden en tu magia. Primero, sujeta con cuidado los palos por encima de la vela (asegúrate de que no se prendan fuego) y recita el hechizo del fuego.

4 Luego, sujeta el palo en el humo del incienso y recita el hechizo del aire.

5 Después, espolvorea tierra sobre el palo, recitando el hechizo de la tierra.

6 Ahora lleva tu palo a un lugar donde fluya el agua como un arroyo, un río o el mar y lánzalo tan lejos como puedas. Mientras los haces recita el hechizo del agua.

NECESITARÁS:

- Una vela azul
- Incienso
- Cerillas
- Un palo o una rama gruesa
- Lana azul
- Un bol de tierra

    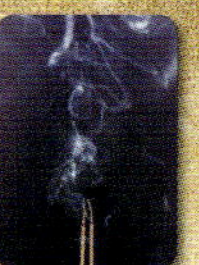 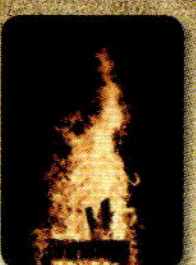 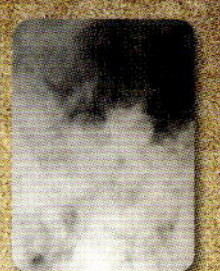

hechizo del palo partido

Este palo roto representa mi corazón roto y mi tristeza. Lo que una vez fue íntegro y sano está ahora herido y confundido. Traigo mi corazón a este lugar ahora para que pueda empezar su viaje hacia la curación y encuentre el amor verdadero una vez más.

hechizo de la lana

Con esta lana, uno lo que está roto.
Un bálsamo calmante de palabras que decir.
Soy el sanador de mi propio corazón. Desde este momento mi curación empieza.

hechizo del fuego

Poderes del fuego, traed calor a mi corazón de nuevo.

hechizo del aire

Poderes del aire, infundid una nueva esperanza de un amor futuro en mi camino.

hechizo de la tierra

Poderes de la tierra, devolved la estabilidad a mi vida.

hechizo del agua

Poderes del agua, tomad este símbolo de mi corazón roto y limpiadlo de todas las palabras y hechos hirientes. Que sienta el toque de tu magia curativa en mí mientras la luna cambia de ciclo en el cielo. Por los poderes de los Antiguos, así sea.

Los vínculos de la fidelidad

Este hechizo estimulará la fidelidad para que,
una vez que hayas encontrado el amor de tu vida,
tu relación tenga la oportunidad de durar más
tiempo. Pero cuidado con ese monstruito verde
de los celos, puede hacerte imaginar todo tipo de
cosas que pueden no estar sucediendo en realidad,
y eso podría alejar a tu amor.

Realizar el hechizo

1 En la noche de luna llena, prepara tu altar y enciende
las dos velas verdes y el incienso.

2 Empieza a elaborar una figura humana con el
limpiador de pipas de la manera más realista posible.
Cuando hayas conseguido formar una figura humana
reconocible, recorta la cara de tu ser amado de la foto
y únela a la cabeza de la figura de alambre.

3 Mientras lo haces, visualiza la figura haciéndose real,
adoptando los rasgos y costumbres de tu ser amado.

4 Cuando la imagen se haya formado fuertemente en
tu cabeza, coge el lazo verde y átalo alrededor de las
caderas de la figura con una lazada doble. Mientras
lo haces, recita el hechizo del figurín.

5 Guarda la figura en un lugar seguro, pero ten en
cuenta que puede que otra magia más fuerte esté
actuando e inutilice este amuleto. Si es el destino que
no tenga que estar contigo, acéptalo y déjale marchar.

NECESITARÁS:

- Un altar
- 2 velas verdes
- Tu incienso favorito
- Cerillas
- Un limpiador de pipas
- Una foto pequeña
  de tu amado
- Un trozo de lazo verde

hechizo del figurín

Figurín, por este hechizo tú eres él.
Yo te llamo [inserta el nombre de tu amado].
Este hechizo le ordenará
como te ordena a ti.
Con este lazo tu corazón está atado al mío;
con este lazo tu cuerpo está atado al mío.
Te digo, no te alejes.
Fiel a mi amor serás
hasta que las montañas se derrumben
hasta que las estrellas se consuman
o hasta que yo te deshaga.
Ésta es mi voluntad.

Así sea.

almas gemelas

Éste es un hechizo para encontrar al amor de
tu vida esté donde esté. Pero una advertencia:
este hechizo sólo se puede usar una vez, así que
asegúrate de que sea el momento adecuado.

REALIZAR EL HECHIZO

1 En la noche de luna nueva, enciende las velas en tu
altar y también incienso si quieres.

2 Coge dos trozos de cobre, un metal sagrado para
Venus, la diosa del amor, y empieza a retorcerlos juntos
mientras recitas el hechizo para entrelazar.

3 Finaliza doblando el cobre en forma de círculo para que
se unan los extremos. Luego colócalo en tu bolsa junto
con los pétalos de rosa y un mechón de tu pelo.

4 Ahora es el momento de afirmar tus intenciones en
el plano psíquico. Siéntate en silencio y visualízate
caminando hacia la cima de una colina. Desde arriba
puedes ver el infinito, o eso parece. Girando a la
derecha, percibes una baliza apagada de madera seca.
Concentrándote mucho, produces mágicamente una
llama dorada en la punta de tus dedos y tocas la
madera. La madera prende enseguida, enviando un
destello de luz al cielo. Toca la bolsa de terciopelo a tu
lado (que has tenido contigo en la visualización) y llama
al más allá: estoy aquí, ven a mi. Por todos los poderes
del universo, mi alma gemela, te pido que vengas.

5 Realiza esta visualización cada noche precedente
a la luna llena y lleva siempre contigo tu amuleto
de la alma gemela.

NECESITARÁS:

- Un altar
- 2 velas rosas
- Incienso (opcional)
- Cerillas
- 2 trozos de alambre
  de cobre
- Una bolsa de terciopelo
  blanco o rosa
- Pétalos de rosa secos
- Un mechón de tu pelo

hechizo para entrelazarse

Yo a él,

él a mí,

unidos

nuestros corazones estarán.

Yo a él,

él a mí,

nuestras vidas entrelazadas,

quiero que sea así.

A través de las millas,

a través de este espacio,

muéstrame la cara de mi amado.

amigos para siempre

Usa este hechizo para eliminar las malas
vibraciones entre amigos si has caído en un círculo
de críticas desleales y cotilleos. Está diseñado
para calmar el aire y motivar un paso hacia la
reconciliación y el arreglo. ¡Pronto habrás olvidado
por qué os peleasteis!

realizar el hechizo

1 Bajo algún pretexto, haz que todos los implicados te
den una hoja de papel con su letra. Recógelas y llévalas
a casa con cuidado de no mezclarlas con cualquier otra
hoja escrita.

2 Un viernes, el día de Venus, diosa del amor y la
armonía, coge las hojas y únelas con el lazo rosa,
recitando el hechizo de la amistad, tres veces en total.

3 Coloca los papeles unidos en el sobre y séllalo. Coloca
el sobre en algún lugar seguro y no será descubierto.
Las malas vibraciones entre tú y tus amigos deberán
solucionarse pronto y todos volveréis a pasarlo bien.
Por cierto, es mejor no enseñar el sobre a tus amigos.

NECESITARÁS:

- Una muestra de escritura
  de todas las personas
  de tu grupo
- Un lazo rosa
- Un sobre, preferentemente
  rosa, pero uno blanco
  servirá

hechizo de la amistad

Os uno en amistad. Dejad que toda malicia y malos sentimientos desaparezcan a partir de ahora de este grupo. Que en su lugar haya felicidad y armonía, paz y compasión en nuestros corazones. Como yo lo deseo, así sea.

el poder del tres

Normalmente, cuando se usa lazo o hilo en un hechizo, su longitud debería ser siempre divisible entre tres. La idea es que la energía que se usa en el hechizo sea devuelta por triplicado.

eliminador total

Puede que haya algo en tu vida, quizás un rumor malicioso o un exnovio malo que proyecta una larga sombra sobre ti a todas horas. Este hechizo está diseñado para eliminarlos de tu vida para siempre pero sin causarles daño, lo cual se reflejaría de un modo negativo en tu karma.

realizar el hechizo

1 Un sábado de luna menguante, escribe el nombre de la persona que quieres eliminar con carboncillo en el papel. Mientras escribes, visualiza a la persona y las cosas que ha hecho para disgustarte. Haz un círculo alrededor del nombre mientras recitas el hechizo de la eliminación.

2 Con cuidado, quema el papel en la llama de la vela. Hazlo en una chimenea, fuera o en el fregadero, donde no haya peligro de incendio.

3 Recoge las cenizas en un platito y divídelas en tres. Coge un tercio de las cenizas y entiérralas en la tierra recitando el hechizo del entierro mientras lo haces.

4 Coge el siguiente tercio de cenizas y tíralo en agua corriente. Recita el hechizo del agua mientras lo haces.

5 Finalmente, lleva el resto de cenizas a un lugar alto y lánzalas al viento recitando el hechizo del viento.

NECESITARÁS:
- Un carboncillo
- Un trozo pequeño de papel
- Una vela negra
- Cerillas

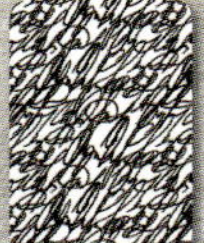

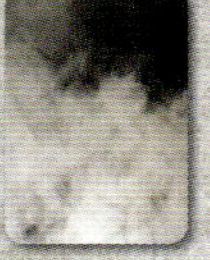

Hechizo de la eliminación

Así estás encerrado, [nombre de la persona].
Te atrapo y te mantengo dentro de estos límites oscuros,
para que puedas oír mis palabras esta noche.
Con este hechizo te aparto del círculo de mi vida;
te lanzo donde no puedas tocar mi luz.
Desde este momento no me darás más problemas.
En el nombre de todos los dioses superiores
y los ángeles del cosmos,
por esta gran magia desapareces:
sin daño,
sin malicia,
y con sólo una bendición de que te conviertas en una persona mejor.
Así sea.

Hechizo del entierro

Así entierro mis preocupaciones y no volverán a la superficie.

Hechizo del agua

Así fluyen mis miedos este día y nunca volverán.

Hechizo del viento

Todo lo que me atormenta, el viento lo alejará de mí.
Y así soy libre.

eL oro De merLín

Utiliza este hechizo para atraer la buena
fortuna a tu vida. Es mejor realizarlo en primavera
para poder plantar las semillas en el jardín.
Si tienes que realizarlo en otro momento o si no
tienes jardín, planta tus semillas en un tiesto
y guárdalo en el interior.

reaLizar eL hechizo

1 Coge una hoja de papel y dibuja el círculo mágico del
sol, como se muestra en la parte superior de la página
siguiente.

2 Coloca la piedra en el vaso de agua y ponlo en el papel
al sol. Deja que absorba los rayos del sol durante unas
horas.

3 Por la noche, enciende una vela dorada e incienso.

4 Saca la piedra del vaso de agua y colócala en el papel
junto con las semillas. Si usas un tiesto, tenlo a mano.
Si vas a plantar las semillas en el jardín asegúrate
de que la tierra está lista.

5 Bebe un sorbo de agua y siente surgir su energía
dorada a través de tu cuerpo y trasformándote.
Recita el hechizo del sol.

6 Envuelve la piedra en el papel y coge las semillas.
Coloca la piedra envuelta en la tierra y planta las
semillas encima. Mientras lo haces, recita el hechizo
para plantar y con cuidado vierte el resto del agua
sobre las semillas.

NECESITARÁS:

- Una hoja de papel
- Un lápiz
- Una piedra pequeña
- Un vaso de agua
- Luz del sol
- Una vela dorada
- Incienso
- Cerillas
- Semillas

hechizo del sol

Por el poder del sol y la fuerza
del universo,
todo lo normal se convertirá en tesoro;
todo lo aburrido será brillante.
Por la virtud de la magia de Merlín,
mi futuro será allanado
con el oro de las oportunidades.
Ésa es mi voluntad,
así será.

hechizo para plantar

Como prueba de este hechizo,
planto estas semillas para mostrar
cómo la escoria se puede convertir en oro
y así también crecerá
mi vida
y será abundante
y florecerá
desde este momento.
Así sea.

máquina de dinero

A todo el mundo le escasea el dinero en algún momento, quizá por una empresa que ha ido mal o por circunstancias imprevistas. Éste es un gran hechizo si pasas por una mala racha económica y quieres obtener beneficios caídos del cielo.

realizar el hechizo

1 Estruja las hojas de menta en tu mano y añádelas a la taza de agua hirviendo. Echa también las monedas.

2 Durante unos minutos, siéntate y visualiza la cantidad exacta de dinero que necesitas, pero sé realista porque los hechizos de dinero suelen darte lo que necesitas y no lo que quieres.

3 Visualiza cómo el dinero viene a ti en forma de dinero extra, un bono de trabajo o un regalo. Luego, remueve tu té en el sentido de las agujas del reloj recitando el hechizo del dinero.

4 Repite el hechizo una y otra vez mientras remueves, reteniendo la visualización en tu cabeza todo el tiempo. Luego, cuando empieces a sentir que te invade una mágica sensación de calma, deja de remover y bébete el té con cuidado de no tragarte las hojas ni las monedas.

5 Cuando hayas terminado, coge las monedas y métela en tu bolsa. También puedes añadir las hojas de menta una vez que estén secas. Guarda la bolsa en un lugar seguro.

NECESITARÁS:

- Hojas de menta fresca
- Una taza de agua hirviendo
- Monedas brillantes
- Una bolsita o un monedero viejo

HECHIZO DEL DINERO

Dinero, dinero, ven a mí.

Fortuna, tráeme lo que necesito.

hechizo para la suerte

Este hechizo con una cajita
está diseñado para atraer la suerte
en concursos o en el salón de juegos.

realizar el hechizo

1 Dibuja en la caja el signo de Júpiter, el planeta
de la prosperidad (*véase* la página siguiente, arriba
a la izquierda).

2 Mete el resto de los ingredientes (excepto la cuerda)
en la caja, uno a uno, recitando el hechizo apropiado
mientras lo haces.

3 Cierra la caja y séllala con cinta adhesiva o un
trozo de cuerda dorada. Agita bien la caja y recita
el hechizo de la suerte.

4 Ten la caja cargada de suerte cerca de ti cuando
participes en concursos. Una alternativa a la caja
es hacer una bolsita azul o verde y bordar el signo
de Júpiter en un lado. Se puede llevar fácilmente
a lugares que requieran suerte.

NECESITARÁS:

- Una cajita de cartón
- Un bolígrafo
- Una moneda
- Pelos de un gato negro
- Un par de dados
- Menta seca
- Un trozo de cuerda dorada

Hechizo de la moneda

Dinero, dinero, ven a mí,
ésa es mi voluntad, así sea.
Monedas de plata, monedas de oro,
haced una fortuna para llenar mi bolsa.

Hechizo del gato

Pelo de gato, negro como la noche,
cambia mi suerte con este rito.
El poder felino bendecirá este amuleto,
así que este hechizo no causará daño alguno.

Hechizo de los dados

Tira los dados, mira cómo giran
y tráeme suerte para alcanzar mi meta
de ganar, ganar todo el tiempo.
Éste será mi día de suerte.

Hechizo de la menta

Pequeña hierba tan pura, tan fuerte,
deja que mi suerte perdure mucho tiempo
mi fe es mágica sin restricciones
y sé que pronto haré una fortuna.

Hechizo de la suerte

Mezclados, mi suerte me traerá dinero.
En el nombre de los Antiguos, así sea.

eL poder de La mascota

Los equipos deportivos tienen mascotas para
la suerte. Tú también puedes tener una.
Las mascotas nos hacen sentir seguros cuando
la vida es incierta o ante una situación inusual,
desafiante o estresante. Puedes hacer tu propia
mascota e imbuirla de poder mágico.

reaLizar eL hechizo

1 Dibuja un círculo en el papel con el bolígrafo lo
suficientemente grande para que tu mascota quepa
dentro. Coloca la mascota en el centro.

2 Enciende la vela y el incienso y colócalos al otro lado
del círculo para no quemarte por accidente. Coloca
los boles de agua y tierra al frente, para que todos los
elementos formen un cuadrado alrededor del círculo.

3 Coge la mascota y mécela sobre la llama de la vela,
recitando el hechizo del fuego. Luego, pasa la mascota
a través del humo del incienso y recita el hechizo del
aire. Salpica a la mascota con agua, recitando el hechizo
del agua. Coloca la mascota en el plato de tierra.
Recita el hechizo de la tierra.

4 Vuelve a poner la mascota en el centro del círculo y pon
tus manos sobre ella. Durante un instante, visualízate
en situaciones en las que necesites calma y confianza
como entrevistas o exámenes. Visualízate llevando tu
mascota e irradiando una sensación de autoconfianza
tranquila. Cuando la imagen sea clara en tu mente,
llévate la mascota a los labios, respira suavemente sobre
ella y recita el hechizo de la mascota.

NECESITARÁS:

- Una mascota pequeña
  (como un peluche, una
  piedra lisa o un cristal)
- Un papel y un bolígrafo
- Una vela
- Incienso
- Cerillas
- Un bol pequeño de agua
- Un bol pequeño de tierra

hechizo del fuego

Por el poder del fuego, te cargo con mi voluntad. Tráeme la calma
y la confianza cuando más la necesite.

hechizo del aire

Por el poder del aire, infundo vida en ti. Envíame calma
y confianza cuando más lo necesite.

hechizo del agua

Por el poder del agua, la energía del universo fluye a través de ti,
trayéndome calma y confianza cuando más lo necesite.

hechizo de la tierra

Poder de la tierra, estabiliza mi voluntad. Haz nacer este amuleto
para siempre tener calma y confianza cuando más lo necesite.

hechizo de la mascota

Te nombro [escoge un nombre]. Tú eres ahora mi amigo y ayuda
hasta que diga lo contrario. Así sea.

Belleza facial

Un antiguo hechizo para potenciar la belleza
de tu rostro, ojos y labios es lo que necesitas
para la noche de la gran fiesta. Usa el
hechizo para potenciar tu belleza natural y dejarte
una piel radiante y maravillosamente suave.

Realizar el hechizo

1 En la noche de luna llena clara, reúne los ingredientes
de la lista. Pon cada una de las hierbas en uno de los
tres boles.

2 Machaca las hojas y los pétalos ligeramente para
majarlos antes de verter una taza de agua hirviendo.
Déjalo infusionar nueve minutos, después cuela cada
infusión en un tarro.

3 Déjalo enfriar antes de añadir el agua de rosas y el
brandy. Después, añade el mágico rocío de la mañana,
que según la leyenda confiere el don de la belleza
a quien se bañe en él.

4 Saca el tarro a la luz de la luna. Colócalo en algún lugar
solitario, donde pueda brillar la luna sobre él. Luego
arrodíllate a su lado recitando el hechizo de la luna.

5 Vete a dormir, pero asegúrate de que te levantas
antes del amanecer para que no le dé la luz del sol a
tu poción. Decántala en una botella de cristal oscuro
y guárdala en un armario oscuro para preservar sus
poderes. Para usarla, empapa un algodón limpio y
aplícala en tu rostro cada día y antes de un evento
especial.

NECESITARÁS:

- 2 cucharadas de hojas
de fresa
- 2 cucharadas de pétalos
de caléndula
- 2 cucharadas de flor
de saúco
- 3 boles pequeños
- Un tarro grande con tapa
hermética
- Agua de rosas
- 8 cucharaditas de brandy
- Una gotita de rocío
(recógelo temprano y
guárdalo hasta la noche)

HECHIZO DE LA LUNA

Justa diosa de la luna y hada,
confiéreme un favor esta noche,
que esta poción sea encantada
por polvo de los elfos y luz de plata.
Para una piel suave tan bella,
sean estas tres hierbas encantadas.
Un rostro tan bello a la vista
por el agua de rosas y el rocío.

pɪeL Lɪmpɪa

Éste es un viejo remedio rural para eliminar los
granos. La teoría es que así como la patata se
pudre en la madre tierra, también el «grano»
se debilitará y desaparecerá de tu rostro.
Pruébalo cuando sientas el temido picor
de una nueva imperfección o una espinilla.

reaLɪzar eL hechɪzo

1 Lava bien la patata y córtala por la mitad. Coge una
de las mitades y presiónala contra la zona afectada
(el jugo de la patata también es bueno para la piel).
Di: grano, grano, desaparece.

2 Repítelo tres veces mientras «sientes» que el grano
sale de tu piel y entra en la patata. No tengas prisa,
dale tiempo para que funcione.

3 Coge tu patata y cava un agujero grande en la
tierra. Coloca la patata en él y rocíala con el poder
limpiador de la sal. Mientras rellenas el agujero,
canta el hechizo de eliminación.

NECESITARÁS:
- Una patata pequeña
- Sal

hechizo de eliminación

Grano inoportuno, vete.
Los defectos no estropearán el día
te entierro en este lugar
y en la oscuridad te pudrirás.

hechizos de belleza

No hay muchos hechizos de belleza
que puedan afectar tu apariencia física.
Concebir hechizos para cambiar la
forma de tu nariz o el color de tus ojos
sería alterar la naturaleza. Pero puedes
desarrollar hechizos que te ayuden
a ser más atractivo ante los demás.
Esto implica construir tu confianza
para sentirte más positivo sobre cómo
te ves. Otros se darán cuenta antes
que tú.

cabello hermoso

Ésta es una especial y antigua receta de champú
cuyos ingredientes dejarán tu pelo lustroso y
fuerte. Un beneficio añadido es que también es
anticaspa y estimula el crecimiento del pelo.
Y como siempre, ¡hay un ingrediente mágico
añadido para hacer que se salga de lo normal!

realizar el hechizo

1 Hierve el agua en un cazo grande, añadiendo las
hierbas. Retírala del fogón, remueve y deja infusionar
el agua durante tres horas. Luego coge la mezcla y
cuela el líquido en otro cazo. Aparta las hierbas usadas.

2 En el cazo de líquido herbal, añade el jabón
desmenuzado y ponlo a fuego lento. Remueve
vigorosamente hasta disolver el jabón. Retíralo
del fuego otra vez y añade el bórax.

3 Mientras se enfría la mezcla, espolvorea el culantrillo.
Se dice que sus propiedades mágicas otorgan belleza
a quien lo lleve. Remuévelo en el sentido de las agujas
del reloj, recitando el hechizo del crecimiento.

4 Deja enfriar la mezcla antes de embotellarla y
etiquetarla. Déjala reposar veinticuatro horas.
Coge las hierbas usadas y deshazte de ellas de forma
consecuente. Eso no quiere decir tirarlas a la basura,
sino llevarlas al jardín, cavar un agujerito y devolverlas
a la madre tierra. Deja una pequeña ofrenda de gratitud,
como un mechón de tu pelo.

5 Cuando vuelvas a usar la mezcla, recuerda agitarla bien
primero para volver a mezclar los ingredientes que se
habrán asentado. Añade una pequeña cantidad a tu
pelo mojado y masajéalo bien. Déjalo durante cinco
minutos más antes de aclararlo con agua fría.

NECESITARÁS:

- 1 ½ litros de agua
- 2 cazos
- Un puñado de puntas
frescas de ortigas jóvenes
- Un puñado de perejil
fresco
- Un puñado de romero
fresco
- 6 cucharadas de jabón
de Castilla desmenuzado
- 1 cucharada de bórax
- Una pizca de culantrillo
seco en polvo

hechizo del crecimiento

Pelo crece largo, pelo crece fuerte;

Trae mechones de belleza fluida,

liso y brillante como el sol,

belleza que atraparía a un rey.

Magia de las hadas y encanto gitano,

yo te remuevo, así que tráeme

el cabello glorioso que deseo.

¡Así como lo quiero, así sea!

el solsticio de verano

El festival de Wicca conocido como el solsticio de verano es una celebración del día más largo del año. Es la época del año en que los poderes de la luz son más fuertes. Es un momento de buena salud y gran belleza.

OJOS BRILLANTES

Este hechizo para unos ojos limpios y refrescados
combina una receta de belleza herbal y un
amuleto mágico pare darle más potencia. El agua
de la lluvia, directa del cielo, trae sus propias
cualidades mágicas mezcladas entre el cielo
y la tierra. Si no puedes obtener todos los
ingredientes herbales, no te preocupes:
el hechizo funciona con sólo dos o tres.

REALIZAR EL HECHIZO

1 Pon las flores secas en un bol y mézclalas bien con
la mano. Vierte el agua de lluvia en un cazo de acero
inoxidable (otro metal podría contaminar el agua)
y llévalo lentamente a ebullición.

2 Cuando llegue al punto de hervor, con cuidado vierte
el agua sobre las flores y deja la mezcla hasta que se
haya enfriado completamente. Cuela la materia seca
del líquido y vuelve a verter éste en el bol. Con cuidado,
coloca el cristal citrino en la poción que has hecho.
Recita el hechizo del cristal mientras lo haces.

3 Deja el cristal en la poción durante un día y una noche.
Luego sácalo y vierte el líquido en una botella de
cristal.

4 Para usarlo, empapa dos bolas de algodón y ponlas
sobre tus ojos cerrados. Túmbate y relájate durante
unos diez minutos por la mañana y por la noche o
antes de salir. Esta mezcla debería gastarse en una
semana.

NECESITARÁS:

- Una cucharada de flores de camomila secas
- Una cucharada de acianos secos
- Una cucharada de flores de saúco secas
- Una cucharadita de eufrasia seca
- Un bol
- Agua de lluvia recogida en una taza
- 1 cazo de acero inoxidable
- 1 cristal citrino
- Bolas del algodón

Hechizo del cristal

Ojos sed claros, ojos sed brillantes.
Encante la magia mi poder de la vista.
Ojos bonitos que brillan como el sol
con el poder del cristal hágase mi voluntad.

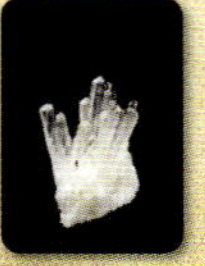

eLiminar Las enfermedades

Todas las piedras y cristales tienen increíbles poderes receptivos. Los cristales en concreto tienen la habilidad de asumir todo lo que les pidas, lo que los hace especialmente buenos para fines curativos; pero recuerda tratarlos siempre con respeto.

reaLizar eL hechizo

1 Enciende la vela y siéntate en silencio, sosteniendo el cristal. Siente cómo se calienta en tu mano mientras sintoniza con tu energía. Háblale en voz baja y cuéntale tu enfermedad y cómo te hace sentir. Pídele que absorba la enfermedad de tu cuerpo y promete que lo limpiarás después. De nuevo siéntate en silencio hasta que «sientas» que el cristal ha aceptado tu petición.

2 Levántate y despacio empieza a frotar el cristal por todo tu cuerpo, especialmente en el lugar de la enfermedad. Mientras lo haces, visualiza cómo la enfermedad deja tu cuerpo (quizás en forma de pequeños gusanos negros), y cómo entra en el cristal y desaparece.

3 Una vez hecho esto, coge el cristal y mételo inmediatamente en un vaso de agua. Añade la sal y recita el hechizo del cristal curativo.

4 Deja el cristal en el agua durante unas horas mientras te salpicas con agua fría. Sécate y vete a descansar.

NECESITARÁS:
- Una vela blanca
- Cerillas
- Un cristal de cuarzo
- Un vaso de agua
- Sal

hechizo del cristal curativo

El cristal se limpiará,
el cristal brillará,
todo mal abandona.
Por este rito,
aléjate
de mí.
Así como lo quiero,
así sea.

Limpiar cristales

Limpia siempre el cristal tras usarlo. Acláralo con agua fresca y después déjalo al aire libre, preferiblemente al sol, para que se seque. La luz del sol también reenergizará al cristal, ya que este ejercicio habrá dejado sus energías naturales mermadas.

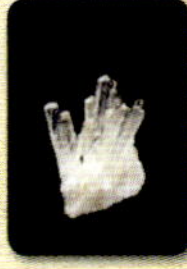

construir confianza

A veces puede ser difícil sacar el valor para unirse
a un grupo social en concreto. Este hechizo te dará
más posibilidades. Cualquier atisbo de timidez
desaparecerá y serás uno de esos admirados
y envidiados por los demás por los círculos
en los que te mueves.

realizar el hechizo

1 Una noche cercana a la luna llena, coge los trozos
de lana azul. Haz un nudo en los extremos del primer
trozo para que forme un círculo. Pasa el siguiente trozo
por dentro del primero para formar el inicio de una
cadena. Haz lo mismo con el resto de trozos azules
hasta que tengas una línea de círculos unidos.
Mientras lo haces recita el hechizo de la lazada.

2 En este punto, visualízate recibiendo una cálida
bienvenida por parte de tus nuevos amigos o la gente
de tu club. Cuando la imagen sea lo suficientemente
fuerte, coge el trozo de lana blanca y une con él los dos
extremos de lana azul para formar un círculo completo.
Recita el hechizo del vínculo.

3 Pon la vela en un soporte estable y coloca el círculo
de lana alrededor de la base. Enciéndela recitando
el hechizo del fuego.

4 Deja que la vela se consuma durante una hora antes
de apagarla. Pon el amuleto en un lugar seguro
y no lo toques al menos por un mes.

NECESITARÁS:

- Varios trozos de lana
  azul de unos seis
  centímetros de largo
- Un trozo de lana
  blanca de unos seis
  centímetros de largo
- Una vela azul
- Cerillas

Hechizo de la Lazada

Círculos en círculos, lazos en grupos,
deseo estar en compañía de (nombre de individuos o grupo).
Por todas las estrellas del cielo,
por todos los granos de arena de la playa,
escojo a éstos como mis amigos, mi tribu, mi clan.
Que oigan mi llamada
y me acojan en sus filas.
Así sea.

Hechizo del Vínculo

Seré el nuevo eslabón en el círculo.
Lo uniré todo junto.
Seré valorado por lo que puedo aportar.
Seré parte de estos amigos
tanto tiempo como desee.

Hechizo del Fuego

Fuego, añade energía a este amuleto
y con él deja que no haya daño.
Que este hechizo me funcione bien.
¡Así lo quiero, así sea!

Belleza interior

Este hechizo está diseñado para dejarte ver tu verdadera belleza interior, desde dentro hacia fuera. Una vez hayas aprendido a irradiar esta belleza interior o, como lo describen algunas brujas, «glamur», no importará si normalmente te ves feo o con sobrepeso, demasiado bajo o demasiado alto; atraerás a todo y a todos como polillas a una bombilla. Es ideal hacer este hechizo justo antes de salir, porque potencia la autoconfianza. También es acumulativo: ¡cuanto más lo haces, mejor funciona!

Realizar el hechizo

1 Haz la infusión vertiendo agua hirviendo en las hojas de amaro y déjala hasta que se enfríe. Se dice que la salvia mejora la vista, ¡y eso también incluye el ojo interno! Cuela el líquido en un bol y pásale un trapo al espejo mientras recitas el hechizo del espejo.

2 Ponte tu ropa y maquillaje preferido y péinate como te gusta. Luego ponte frente al espejo y mírate fijamente a los ojos. No pares de hacerlo hasta que sientas que estás siendo absorbida hacia el espejo.

3 Visualízate llegando a lo más profundo y sacando tu belleza interior. Ahora vuélvete a mirar y esta vez admira realmente qué aspecto tienes; observa cómo tu piel está radiante, cómo atraen tus ojos. Recita el hechizo de la belleza interior.

NECESITARÁS:
- Un espejo
- Una infusión de amaro

hechizo del espejo

Espejo, espejo, despeja tu vista;
muestra mi verdadero yo con este rito;
desde el castillo de mi alma
una belleza interior que contemplar.

hechizo de la belleza interior

Soy bello, soy único. No importa cómo estoy hecho,
sé que mi belleza sale de dentro. Así sea.

eLIMINAR La Rabia y La Negatividad

Aquí hay algunos hechizos generales fáciles de realizar. No requieren que elabores ningún objeto especial ni que averigües los colores y símbolos apropiados, pero son tan efectivos como los hechizos más complejos.

REALIZAR eL HECHIZO

1 Para eliminar la rabia, rocía la piedra con un poco de agua salada para limpiarla de influencias previas. Después, siéntate con ella en las manos. Piensa en lo que te molesta o enoja y siente cómo las emociones fluyen de tu cuerpo hacia la piedra. Mira cómo se llena con todos sus problemas, absorbiendo los sentimientos negativos.

2 Cuando la ceremonia haya terminado, cava un agujero y tira la piedra. Pídele a la tierra que se lleve tu rabia y tus problemas y agradéceselo antes de rellenar el agujero. Si lo prefieres, ve a un río o un lago y lanza la piedra al agua tan lejos como puedas.

3 Para eliminar la negatividad, anota en un papel aquello de lo que te quieres deshacer. Se muy específico y honesto. Quema el papel en la llama de una vela, pero asegúrate de hacerlo de manera segura (el papel a menudo puede arder más de lo esperado).

4 Mientras el papel se quema, visualiza los viejos hábitos trasformándose en lo que quieres y recita el hechizo de la eliminación.

NECESITARÁS:

- Una piedra negra o gris grande
- Agua salada
- Una hoja de papel nueva
- Un bolígrafo rojo
- Una vela
- Cerillas

hechizo de La eLiminación

Criatura del fuego, quema lo viejo y lo no deseado, y trae lo nuevo, lo fresco, lo limpio y lo sano a mi vida. Deja que me sostenga de ahora en adelante.

soLsticio de invierno

El invierno suele asociarse con el destierro y la batalla de la oscuridad y la luz. Los wicca celebran el solsticio de invierno y el renacimiento del sol en esta época del año. Marca el momento en que las horas de oscuridad están en su máximo y la luz del día en su mínimo, pero es también un punto de inflexión, ya que después de esta fecha las horas de luz se alargan de nuevo.

conoce a tu guía espiritual

Todos tenemos un guía espiritual desde el día en que nacimos. Son seres que elegimos para ayudarnos y guiarnos en la tierra cuando aún estábamos en el otro lado, antes de ser concebidos en el vientre de nuestra madre. Los guías espirituales son no necesariamente ángeles, aunque puede que tengas un ángel que te ayuda a veces también, sino seres espirituales dedicados a tu desarrollo en tu vida presente.

realizar el hechizo

1 En silencio, entra en un estado de profunda relajación y visualízate en un entorno natural que sea familiar y especial donde te sientas seguro. Puede ser un jardín, un bosque o un lugar junto al mar, real o imaginario. Siéntelo de verdad, huélelo, tócalo, óyelo y míralo.

2 Siéntate en silencio y espera. Cuando estés listo puede que veas una luz azul que se acerca desde la distancia. Se acercará cada vez más hasta tomar la forma de una persona. Si se acerca lo suficiente, invítale a sentarse y hablar contigo. Pregúntale su nombre y discute cualquier problema que tengas en la actualidad. Cuando hayas terminado, pregúntale si se reunirá contigo allí de nuevo la próxima vez que tengas que verle.

3 Puede que en lugar de ver a tu guía sólo oigas su voz por ahora. Por lo general, lo oirás sobre tu hombro derecho, pero no te preocupes si no es así. Recuerda siempre, sin embargo, que un verdadero guia nunca te dirá que hagas algo que pueda dañarte a ti o a los demás.

NECESITARÁS:

- Una habitación tranquila
- Una vela blanca
- Incienso de tu elección
- Cerillas

4 Cuando tu guía te haya dejado, vuelve poco a poco de tu lugar especial y sal de la meditación. Puede que no te salga la primera vez, pero no te preocupes. Estas cosas, cuando se hacen bien, pasan cuando tienen que pasar y no antes.

Guías espirituales

La mayoría de la gente no es consciente de la ayuda de su guía espiritual y achacan su ayuda a un sueño, una coincidencia, un instinto o una corazonada. ¿Cuántas veces has tenido cierta sensación sobre alguien y resultó que tenías razón? Puedes estar seguro de que tu guía espiritual, en un nivel subconsciente, estaba a tu lado. Otras personas, que pueden haber desarrollado su poder psíquico a un estado superior, podrán en realidad oír o incluso ver a sus guías y pueden incluso trabajar con ellos para ayudar a los demás. Los médiums y videntes (de buena reputación) son un buen ejemplo de ello.

Si deseas conocer a tu guía espiritual, ten en cuenta que conlleva practicar mucha meditación y un deseo consciente de mejorar tus habilidades psíquicas. Significa practicar a diario sentado tranquilamente en una habitación con una vela e incienso y seguir meditaciones apropiadas o visualizaciones guiadas como ésta.

tu cuerpo es un templo

Potencia tu mente y aumenta tu fuerza física
con la energía curativa de una diosa. Los siete
chacras son sistemas de energía dentro del campo
áurico humano y su función es la de absorber,
trasformar y distribuir la energía universal.
El término chacra significa «rueda», y la tradición
esotérica tanto en Oriente como en Occidente
lo utiliza para energizar a la persona.
Este ejercicio de visualización aumentará
tu energía espiritual.

realizar la visualización

1 Siéntate cómodamente en el cojín y asegúrate de que
no te molesten. Durante unos minutos concéntrate
en relajar todo el cuerpo y en respirar lenta y
profundamente.

2 Al inspirar, imagina tu cuerpo sacando energía desde
las profundidades de la Madre Tierra. Esta energía,
de color oro, se eleva a través de tu cuerpo y viaja
desde la base de la columna vertebral hacia arriba.
Al hacer esto, energiza los siete chacras principales
o centros de energía del cuerpo. Para el fin de este
ejercicio, es más fácil imaginar tus chacras como flores
de varios colores.

3 Al inspirar, la energía se eleva a tu primer chacra.
Éste es el chacra base, situado en la base de la columna
vertebral. De color rojo, representa la fuerza vital básica
de tu cuerpo. Mira la energía tocar la flor cerrada
del chacra y, mientras lo hace, mira cómo se abre
una hermosa flor roja.

NECESITARÁS:
- Un cojín cómodo

4 Inspira de nuevo, sube la energía hasta justo debajo de tu ombligo. Éste es el lugar del segundo chacra, el centro de la energía sexual y la creatividad. Es de color naranja. De nuevo, mira cómo se abre una flor gloriosa. Repite este proceso con cada uno de los chacras mencionados abajo.

5 Cuando llegues al chacra coronario, imagina que la energía estalla y cae de nuevo a la tierra, como una fuente. Una vez hecho esto por un tiempo, cierra los centros chacra imaginando una suave lluvia plateada que cae sobre cada uno y lo limpia, cerrando de nuevo la flor. Cierra siempre los chacras antes de volver al mundo, ya que a veces los chacras «abiertos» pueden recoger energías indeseables.

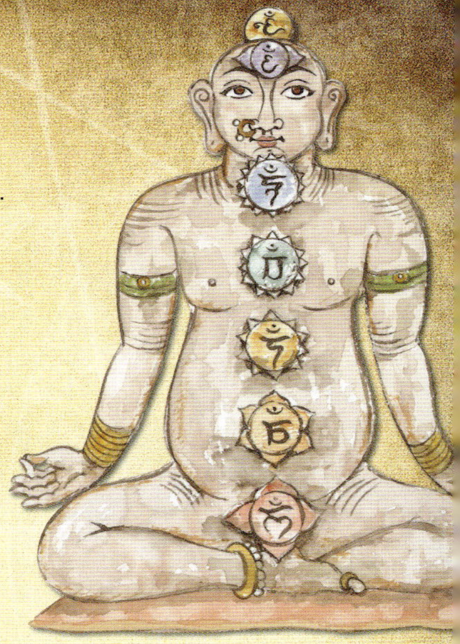

Los chacras

1.er chacra
Base de la columna vertebral
Rojo
La energía vital de tu cuerpo

2.º chacra
Debajo del ombligo
Naranja
Centro de energía sexual y creatividad

3.er chacra
Plexo solar
Amarillo
Relación con el mundo

4.º chacra
Corazón
Verde
Amor y amistad

5.º chacra
Base de la garganta
Azul
Comunicaciones

6.º chacra
Centro de la frente/ tercer ojo
Añil
Capacidades mentales/intuición/ poderes psíquicos

7.º chacra
Inmediatamente por encima de la cabeza
Loto multicolor
Espiritualidad

protección divina

Los guerreros de antaño solían llevar la cara
pintada como símbolo de protección divina
y para asustar al enemigo. ¿Qué aspecto crees
que tendría tu propia cara? ¡Puedes divertirte
un poco y protegerte a la vez!

realizar el hechizo

1 Piensa en cómo te gustaría pintarte la cara y
después haz un rápido bosquejo en la hoja de papel.
No tengas miedo de experimentar y probar diferentes
combinaciones; tal vez te pongas una raya de color
rojo desde la frente hasta barbilla o una banda negra
sobre los ojos. Si lo deseas, incluso podrías probarlo
en la cara con pinturas. Cuando estés seguro de tus
propias marcas de guerrero, haz un dibujo final y ponlo
a buen recaudo para que siempre puedas encontrarlo si
necesitas recordártelo.

2 Esta parte se debe hacer justo antes de salir,
especialmente si sientes que necesitas protección extra.
Ponte de pie frente a un espejo. Con los dedos, dibuja
tus marcas de guerrero imaginarias en tu cara. Pueden
ser invisibles para los demás, pero tú sabrás que están
ahí. Visualiza una luz brillante de forma oval que rodea
todo tu cuerpo. Ésta es tu aura.

3 Para convertirla en escudo, mírala brillar y resplandecer
más fuerte, una barrera para todo lo dañino. Luego,
invoca los nombres de antiguas diosas guerreras para
que te acompañen y protejan recitando el hechizo
del guerrero.

NECESITARÁS:

- Papel
- Bolígrafos o lápices
  de colores

Hechizo del guerrero

Inanna, señora del verano, reina del cielo, frente a mí.

Atenea, protectora de Atenas, detrás de mí.

Sekhmet, defensora ardiente de Egipto, a mi izquierda.

Scathach, entrenadora de guerreros, a mi derecha.

Morrigan, diosa celta de la batalla, debajo de mí.

Artemisa, con tu puntería experta, encima de mí.

El poder de las diosas me rodea.

Ningún daño me ha de acontecer esta noche.

Así sea.

ÍNDICE